CATALOGUE

DES

LIVRES RARES ET PRÉCIEUX

LA PLUPART IMPRIMÉS SUR PEAU VÉLIN

ET RELIÉS EN MAROQUIN

DES MANUSCRITS, DES DESSINS ORIGINAUX

DES SUITES DE VIGNETTES, ETC., ETC.

COMPOSANT LA

BIBLIOTHÈQUE DE FEU M. ÉMILE GAUTIER

TRÉSORIER PAYEUR DES HOSPICES CIVILS DE NANTES
MEMBRE DE LA SOCIÉTÉ ACADÉMIQUE ET DE LA SOCIÉTÉ ARCHÉOLOGIQUE
DE LA LOIRE-INFÉRIEURE, ETC., ETC.

La vente aura lieu le lundi 2 décembre 1872 et les 5 jours suivants

à une heure et demie précises de l'apres-midi

Hôtel des Commissaires-Priseurs, rue Drouot

SALLE N° 5, AU 1er ÉTAGE

Par le ministère de Me DELBERGUE-CORMONT, commissaire-priseur
Rue de Provence, 8

PARIS
ADOLPHE LABITTE, LIBRAIRE
DE LA BIBLIOTHÈQUE NATIONALE
4, RUE DE LILLE, 4

1872

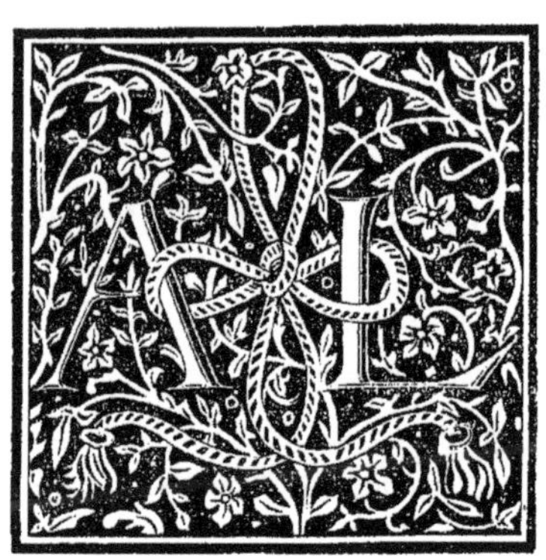

CATALOGUE

DES

LIVRES RARES

ET PRÉCIEUX

DE LA

BIBLIOTHÈQUE DE FEU M. ÉMILE GAUTIER

LA VENTE AURA LIEU

Le lundi 2 décembre 1872, et les cinq jours suivants,

à une heure et demie précises de l'après-midi

Hôtel des commissaires-priseurs, rue Drouot

SALLE N° 5, AU PREMIER ÉTAGE

Par le ministère de Me DELBERGUE-CORMONT, commissaire-priseur
Rue de Provence, 8

Assisté de M. A. LABITTE, libraire, 4, rue de Lille.

Il y aura exposition publique dans ladite salle de vente, le dimanche 1er décembre 1872, de UNE heure à QUATRE.

Chaque jour de vente il y aura exposition publique à UNE heure de l'après-midi.

Voir *l'Ordre des vacations* à la fin du Catalogue.

CONDITIONS DE LA VENTE.

Les acquéreurs payeront 5 centimes par franc applicables aux frais.

Les livres devront être collationnés sur place, dans les vingt-quatre heures de l'adjudication. Passé ce délai, ou une fois sortis de la salle de vente, ils ne seront repris pour aucune cause.

M. Adolphe Labitte se chargera de remplir les commissions des personnes qui ne pourraient assister à la vente.

Paris. — Imprimerie de Georges Chamerot, rue des Saints-Pères, 19.

CATALOGUE

DES

LIVRES RARES ET PRÉCIEUX

LA PLUPART IMPRIMÉS SUR PEAU VÉLIN

ET RELIÉS EN MAROQUIN

DES MANUSCRITS, DES DESSINS ORIGINAUX

DES SUITES DE VIGNETTES, ETC., ETC.

COMPOSANT LA

BIBLIOTHÈQUE DE FEU M. ÉMILE GAUTIER

TRÉSORIER PAYEUR DES HOSPICES CIVILS DE NANTES

MEMBRE DE LA SOCIÉTÉ ACADÉMIQUE ET DE LA SOCIÉTÉ ARCHÉOLOGIQUE

DE LA LOIRE-INFÉRIEURE, ETC., ETC.

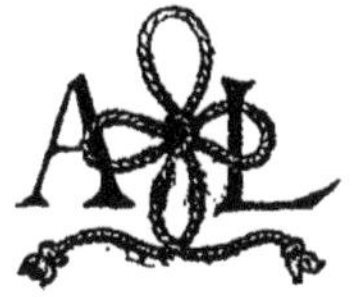

PARIS

ADOLPHE LABITTE, LIBRAIRE

DE LA BIBLIOTHÈQUE NATIONALE

4, RUE DE LILLE, 4.

1872

CATALOGUE

DES

LIVRES RARES ET PRÉCIEUX

LA PLUPART IMPRIMÉS SUR PEAU DE VÉLIN

DES MANUSCRITS, DES DESSINS ORIGINAUX
DES SUITES DE VIGNETTES, ETC.

COMPOSANT LE

CABINET DE FEU M. ÉMILE GAUTIER

THÉOLOGIE.

I. ÉCRITURE SAINTE. — FIGURES BIBLIQUES. PHILOLOGIE SACRÉE.

1. Biblia sacra, vulgatæ editionis. *Parisiis, Didot,* 1785, 2 vol. in-4, pap. vél. demi-rel. non rog.

De la collection du Dauphin.

2. BIBLIORUM SACRORUM vulgatæ editionis Editio. Jussu Christianiss. Regis ad institutionem Serenissimi Delphini. *Parisiis, Didot,* 1785, 8 vol. in-8, mar. r. jans. (*Belz-Niedrée.*)

Superbe exemplaire imprimé sur PEAU VÉLIN.

3. La Sainte Bible, traduite d'après le latin de la Vulgate et les meilleures traductions autorisées par l'Eglise, avec de nombreuses notes explicatives par M. l'abbé Delaunay. *Paris, Curmer,* 1857, 5 vol. in-4 et un atlas de 50 figures sur acier, br.

4. La sainte Bible, selon la Vulgate, traduction nouvelle avec les dessins de G. Doré. *Tours, Mame,* 1866, 2 vol. in-fol. cart.

5. Les CL Pseavmes de David mis en rime françoise par Clément Marot et Théodore de Bèze, avec la forme des prières ecclésiastiques et la manière d'administrer les sacremens et célébrer le mariage. *Genève, par Jérémie des Planches,* 1587, in-8, cartonné.

Imprimé en petits caractères, avec musique notée.

6. Le Psautier, par la Harpe, avec une notice historique et des notes explicatives par M. l'abbé Labouderie. *Paris, Charles Gosselin,* 1824, in-8, cartonné.

Un des deux exemplaires en grand papier vélin fort. Il provient de la bibliothèque de l'abbé Labouderie.

7. Rationarium evangelistarum, omnia in se evangelia, prosa, versu, imaginibusque mirifice complectens. *S. l.* (*Phorcæ*), 1505, pet. in-4, mar. r. tr. dor. (*Hardy*.)

Figures sur bois singulières. Copie de l'*Ars memorandi.*

8. Évangiles des dimanches et fêtes illustrés par Barbat père et fils. *Châlons-sur-Marne, imprimerie lithographique Barbat,* 1844, in-4, br. dans un étui.

Un des cinq exemplaires sur papier porcelaine bleu de ciel. Ouvrage d'une très-belle exécution.

9. Histoire de la Passion de Jésus-Christ, composée en MCCCCXC par le R. P. Olivier Maillard; publiée en 1828 comme monument de la langue française au xve siècle, avec une notice sur l'auteur, des notes, et une table des matières, par Gabriel Peignot. *A Paris, de l'imprimerie de Crapelet,* 1828, gr. in-8, fig. cart. non rog.

Un des dix exemplaires tirés sur grand papier jésus de Hollande.

10. Morale de Jésus-Christ et des apôtres, ou la vie et les instructions de Jésus-Christ tirées du Nou-

veau Testament. *A Paris, de l'impr. de Didot l'aîné*, 1785, 2 vol. in-18, mar. rouge, fil. tr. dor. (*Courteval.*)

Exemplaire en papier vélin de cette édition devenue rare.

11. Réflexions morales avec des notes sur le Nouveau Testament traduit en françois (par le P. Lallemant). *Paris, Montalant*, 1725, 12 vol. in-12, mar. rouge, fil. tr. dor. (*Anc. rel.*)

Bel exemplaire aux armes du Dauphin. Il a appartenu à M. Solar.

12. Historiarvm veteris instrumenti Icones ad viuū expressæ vna cum breui, sed quoad fieri potuit, dilucida earumdem expositione. *Antverpiæ, apud Ioan. Steelsium*, 1540, 1 vol. pet. in-4, mar. vert, tr. dor. (*Duru.*)

Superbe exemplaire. Figures sur bois.

13. Historiarvm memorabilivm ex Genesi Descriptio, per Gulielmum Paradinum. *Lvgdvni, apud Ioan. Tornæsium*, 1558. — Historiarvm memorabilivm ex Exodo, sequentibusque libris descriptio, per Gulielmum Borluyt. *Lvgdvni, apud Ioan. Tornæsium*, 1558, 2 part. en 1 vol. in-8, mar. brun, à comp. mosaïque, tr. dor. (*Duru.*)

Superbe exemplaire de Cailhava.

14. Icones biblicæ Veteris et Novi Testamenti. Proprio ære æri incisæ, et venales expositæ a Melchiore Kysel, augustano. *Augustæ Vend.*, 1679, in-4, mar. vert, fil. tr. dor. (*Hardy.*)

Superbe exemplaire de Solar.

15. Figvre del Nvovo Testamento, illustrate da versi vulgari italiani. *In Lione, appresso Gvlielmo Roviglio*, 1588, pet. in-8, mar. brun, tr. dor. (*Duru.*)

Recueil de figures très-estimées de J. Moni, de Lyon, dont les initiales J. M. se voient à la figure X de l'Apocalypse.
Cet exemplaire, d'une beauté parfaite, a appartenu à Cailhava.

16. Imaginvm in Apocalypsi Ioannis Descriptio, cum enarratione vera, pia, et apta: quæ potest esse

uice iusti commentarii, et lectu digni, elegiaco carmine condita, autore Georgio Æmilio. *Franc. Chr. Egen* (*Francfort, Christ. Egen*, 1540), pet. in-4, mar. vert, à comp. tr. dor. (*Niedrée.*)

Exemplaire de Cailhava.

17. Vitæ, Passionis et Mortis J.-C. Mysteria figuris æneis expressa, per Boetium à Bolswert. *Antuerpiæ*, 1622, pet. in-8, mar. br. fil. à fr. milieux ornés, tr. dor. (*Duru.*)

Bel exemplaire.

18. Recherches historiques sur la personne de Jésus-Christ, sur celle de Marie, sur les deux généalogies du Sauveur et sur sa famille, par un bibliothécaire (Gabr. Peignot). *Dijon, V. Lagier*, 1829, in-8, br.

19. Pinacotheca mariana, exhibens per singulos anni dies antiquitatem, sanctitatem et utilitatem cultus Mariani. *Aug. Vindel.*, 1760, 4 vol. in-12, mar. rouge, fil. tr. dor. (*Anc. rel.*)

Cet ouvrage renferme 365 planches en belles épreuves.

20. Histoire des miracles qui se sont faits par l'entremise de la Sainte-Vierge dans l'église de l'abbaye de Saint-Pierre-sur-Dive, trad. d'un manuscrit latin de l'abbé Haymon, par le R. P. Bernard Planchette, augmentée d'une introduction et publiée par de Glanville. *Rouen, Fleury*, 1851, in-8, pap. vél. mar. rouge, fil. tr. dor.

Réimpression, à 30 exemplaires, d'un livre très-rare, publié en 1671, chez Poisson, à Caen.

21. La Vierge, histoire de la mère de Dieu et de son culte complétée par les traditions d'Orient, les écrits des saints Pères et l'histoire privée des Hébreux par M. l'abbé Orsini. Nouvelle édition illustrée par MM. J. Laroche, Brevière, E. Courbe, J. Gagnier, L. Noel, Lacoste aîné et Engelmann et Graf. *Paris, René et compagnie*, 1844, 2 vol. gr. in-8 jésus vélin, demi-rel. mar. violet, tr. dor.

II. LITURGIE.

22. **Horae Beatae Mariae Virginis.** Gr. in-8, goth. mar. vert, doré en plein à petits fers, tr. dor. (*Rel. du* XVIe *siècle.*)

MANUSCRIT du quinzième siècle, sur PEAU VÉLIN, de la plus belle conservation. Il renferme 15 grandes miniatures, 18 petites, 120 encadrements et une multitude de lettres ornées et de bouts de lignes d'un éclat et d'une fraîcheur incomparables.

Quant à la reliure, c'est un chef-d'œuvre d'élégance et de bon goût, et nous pensons qu'il serait difficile de rencontrer de spécimen plus parfait de l'art de la reliure au seizième siècle.

23. **Horae.....** In-8, goth. mar. br. fil. tr. dor.

MANUSCRIT SUR PEAU VÉLIN du quinzième siècle. Il se compose de 114 ff.; il est orné de 12 grandes miniatures, 3 petites et 228 encadrements variés. Le premier feuillet, après le calendrier, manque.

24. **Incipiunt Horae** beatæ Mariæ Virginis. In-4, goth. v. gauff. (*Lefèvre.*)

MANUSCRIT DU QUINZIÈME SIÈCLE, SUR PEAU VÉLIN, de 178 ff. Il est orné de lettres initiales en or et en couleurs, dans lesquelles on remarque de petites miniatures très-bien exécutées.

25. **Hier beghumen** die... Ici commencent les prières etc. In-12, goth. v. rel. en bois.

MANUSCRIT flamand du quinzième siècle, sur PEAU VÉLIN. Il est orné de 32 lettres initiales en or et en couleurs, et de 32 encadrements variés.

26. **Hier beghumen...** Ici commencent les prières... Pet. in-8, goth. v. marb. fil. tr. dor.

MANUSCRIT flamand du quatorzième siècle, SUR PEAU VÉLIN. Il se compose de 322 f..; il est orné de 21 grandes miniatures et de 32 petites. Presque toutes les pages sont entourées d'ornements en rinceaux. Joli manuscrit.

27. **Hore beate Marie Virginis** secũdũ ũsũ Romanum absq; requisitione aliqua cũ pluribus orationibus in gallico et latine. (*Paris*, *Simon Vostre*, almanach de 1507 à 1527), in-8, goth. fig. sur bois, mar. brun à comp. doublé de mar. rouge, large dent. tr. dor. (*Gruel.*)

Exemplaire imprimé sur PEAU VÉLIN et de la plus belle conservation. Toutes les initiales ont été soigneusement coloriées et dorées. Dans l'encadrement des pages figure la Danse des morts.

28. **Horae** in laudem Glor. Virginis .. *Cy finissent ces présentes heures à l'usaige de Romme*, *imprimées*

à Paris, par Germain Hardouyn, s. d., (almanach de 1534 à 1552), pet. in-8, mar. rouge à riches comp. tr. dor. (*Chambolle-Duru.*)

Imprimé sur PEAU VÉLIN. Très-bel exemplaire de ces heures dont chaque page est entourée de gravures sur bois. Les grandes gravures et les initiales sont peintes en or et en couleurs.

29. **Heures de Nostre Dame** translatées de latin en françoys et mises en ryme, additionnées de plusieurs chants royaulx figurez et moralisez sur les misteres miraculeux de la passion de nostre redempteur Jesu Christ, avec plusieurs belles oraisons et rondeaux cōtēplatifz cōposez par Pierre Gringoire dict Vaudemont, avec nouveau privilége prorogé audit Pierre Gringoire iusque a quatre ans ensuyuans comme il appert cy apres. *On les vend à Paris, en la rue Sainct Jacques en la maison de Jehan Petit* (1527). — Chantz royaulx figurez moralement sur les misteres miraculeux de Nostre Sauveur et redempteur Jesus-Christ et sur sa passion, avec plusieurs devotes oraisons et rondeaux cōtēplatifs composez par Pierre Gringoire dict Vaudemont... *On les vend a Paris en la grāt rue Sainct Jacques en la maison de Iehan Petit,* 1527, 2 part. en 1 vol. in-4, goth. mar. rouge à riches comp. tr. dor. (*Niedrée.*)

Très-bel exemplaire provenant de la bibliothèque du duc d'Aumale, dont il porte le monogramme.

Ce livre rare et fort recherché renferme 20 grandes figures sur bois.

30. **Horae,** in usum Romanum. (*Ad calcem:*) *Imprimées par Phil. Pigouchet, s. d.* (almanach de 1488 à 1508), pet. in-8, goth. mar. bl. tr. dor. (*Chambolle-Duru.*)

Imprimé sur PEAU VÉLIN. Les encadrements de chaque page, variés à l'infini, ne renferment pas de Danse des morts.

31. **Ces présentes heures,** à l'usaige de Rome, furent achevées le xve jour de juillet par *Philippe Pigouchet, l'an mil cinq cent et deux,* pet. in-8, goth. mar. br. fil. riches comp. en or, tr. dor. (*Chambolle-Duru.*)

Imprimé sur PEAU VÉLIN. Très-bel exemplaire de ces Heures remarquables.

Il n'y a pas d'encadrements à chaque page, mais des gravures sur bois de la grandeur du volume, et d'autres plus petites.

32. **Livre** d'heures ou offices de l'Église illustrés d'après les monuments de la Bibliothèque du Roi, par Mlle A. Guilbert, et publiés sous la direction de M. l'abbé Des Billiers, chanoine honoraire de Langres. *Paris,* 1848, in-8, goth. cart.

Exemplaire imprimé sur PEAU VÉLIN.

33. Oratio dominica in CLV lingvas versa et exoticis characteribus plervmque expressa. *Parmæ, typis Bodonianis,* 1806, in-fol. demi-rel. mar. viol. non rogné.

34. Office de Pâques ou de la Résurrection accompagné de la notation musicale, et suivi d'hymnes et de séquences inédites, publié pour la première fois d'après un manuscrit du XIIe siècle de la bibliothèque de Tours, par Victor Luzarche. *Tours, impr. de J. Bouserez,* 1856, gr. in-8, br.

Exemplaire sur papier chamois.

35. JOURNÉE DU CHRÉTIEN dédiée aux enfants de France, édition entièrement gravée en taille-douce. *Paris, Lefuel, s. d.*, in-18, en feuilles. (*Pages encadrées.*)

Exemplaire sur PEAU VÉLIN.

36. Heures nouvelles, paroissien complet, latin-français, à l'usage de Paris et de Rome, par M. l'abbé Dassance. *Paris, L. Curmer,* 1841, gr. in-8, texte encadré, broché.

III. SAINTS-PÈRES ET THÉOLOGIENS.

37. LES OEVVRES dv divin saint Denys Aeropagite evesque d'Athenes et dit depuis apostre de France et premier evesque de Paris, trad. du grec en françois, par Fr. Iean de Saint-François prieur des Feuillentins de Paris, avec une apologie pour les œuvres du mesme auteur. *A Paris, chez Iean de*

Heuqueville, s. d., (1608), pet. in-8, front. de L. Gaultier, v. fauve, fil. tr. dor. (*Héring et Muller.*)

38. Sancti Maximi episcopi Taurinensis iussu Pii Sixti P. M. aucta, atque adnotationibus illustrata et Victorio Amedeo Sardiniæ regi d. d. *Romæ,* 1784, gr. in-fol. mar. rouge, large dent. à comp. tr. dor. (*Anc. rel.*)

Magnifique exemplaire en très-grand papier de Hollande, aux armes du pape Pie VI.

39. Orpheus Eucharisticus, sive Deus absconditus. *Parisiis, Lambert,* 1657, pet. in-8, fig. mar. bl. tr. dor. (*Hardy.*)

40. Traité de l'exposition du Saint-Sacrement de l'autel, par J.-B. Thiers. *Paris, Dezallier,* 1679, 2 vol. in-12, mar. rouge, fil. tr. dor. (*Anc. rel.*)

41. Cinq histoires admirables, esquelles est monstré comme miraculeusement, par la vertu et puissance du Saint-Sacrement de l'autel, a esté chassé Beelzebub prince des diables, avec plusieurs autres demons, qui se disoiēt estre de ses subiects, hors des corps de quatre diverses personnes. Et le tout advenu en ceste présente année 1582, en la ville et diocèse de Soissons. *Paris, chez Guillaume Chaudière,* 1582, in-8, mar. bleu, tr. dor. (*Gruel.*)

42. Entretiens avec J.-C. dans le très-saint sacrement de l'autel. *Paris, Vincent,* 1764, in-12, mar. rouge, fil. tr. dor.

Exemplaire de la bibliothèque du château d'Eu.

43. Les Maximes de saint Ignace fondateur de la Compagnie de Jésus, avec les sentiments de saint François Xavier, de la même compagnie. *Lyon, imprimerie de Louis Perrin,* 1862, 1 vol. in-16, cartonné.

Un des deux exemplaires imprimés sur PEAU VÉLIN d'un livre curieux qui n'a pas été mis dans le commerce.

44. **Le Mirouer**, doz de lame pecheresse, nouuellement imprime a Paris. (A la fin:) *Cy finit le*

Mirouer doz de lame pecheresse imprime nouuellement a Paris par Alain Lotrian et Denis Janot, etc., s. d., pet. in-4, goth. fig. sur bois, mar. rouge, tr. dor. (*Bauzonnet-Trautz.*)

Très-bel exemplaire, avec témoins.

45. Réflexions sur la miséricorde de Dieu, par la duchesse de la Vallière, suivies de ses lettres et des sermons pour sa vêture et sa profession, par messieurs d'Aire et de Condom, nouvelle édition, revue, annotée et précédée d'une étude biographique par Pierre Clément, de l'Institut. *Paris, J. Techener*, 1860, 2 vol. in-8, mar. brun, tr. dor. janséniste. (*Hardy.*)

Exemplaire imprimé sur PEAU VÉLIN. Il est enrichi du dessin original, à la sépia, du portrait de la duchesse, fait pour l'édition. Les armes qui décorent les titres sont peintes en or et en couleur, et chacune des pages de texte est encadrée par un filet d'or.
Ce beau livre a appartenu à M. Desq.

46. La Guide spirituelle du R. P. Louis du Pont, de la Compagnie de Jésus, traduite de l'espagnol par le P. J. Brignon. *Paris, Estienne Michallet*, 1689, 2 vol. in-8, mar. rouge, fil. tr. dor. (*Anc. rel.*)

Exemplaire de J.-J. de Bure l'aîné.

47. Lettres écrites à un provincial par Blaise Pascal, précédées d'un essai sur les Provinciales et sur le style de Pascal. *Paris, Lefèvre*, 1826, gr. in-8, dos et coins mar. rouge, non rog. tr. sup. dorée. (*Niedrée.*)

Très-bel exemplaire en grand papier vélin, orné de 12 portraits de Pascal et de 55 autres gravures et portraits, parmi lesquels on trouve ceux de la plus grande partie des casuistes ou des jansénistes dont il est parlé dans ce livre.
Cet exemplaire provient de la bibliothèque du comte de Saint-Mauris.

48. Traité de la vérité de la religion chrétienne, où l'on établit la religion chrétienne par ses propres caractères, par Jacques Abbadie. *A la Haye, chez Jean Neaulme*, 1771, 3 vol. in-12, mar. rouge, fil. tr. dor. (*Anc. rel.*)

Aux armes de la comtesse d'Artois.

49. Recueil des ouvrages composés par feu M. Papin en faveur de la religion. Nouvelle édition augmentée de plusieurs manuscrits posthumes, et dédiée à Mgr l'évêque de Blois, avec six lettres écrites par feu Mlle de Royere à Mme Rouph, sa sœur. *Paris, veuve Roulland,* 1723, 3 vol. in-12, mar. rouge, fil. tr. dor. (*Anc. rel.*)

Aux armes de la maison d'Orléans.

50. Traité de la dépouille des curez (par l'abbé Thiers). *Paris, Desprez,* 1683, in-12, mar. rouge. (*Anc. rel.*)

51. Mémoire dogmatique et historique touchant les juges de la Foi (par l'abbé Corgne). *Paris, Garnier,* 1736, in-12, mar. r. fil. tr. dor. (*Armoiries.*)

52. Motifs de pénitence et de sainteté chrétienne, tirés des plus importantes vérités de la religion, trad. par le père Gossard. *Turin,* 1769, in-12, mar. r. compart. dent. emblèmes sur les plats. *reliure.*)

Exemplaire sur peau vélin.

53. Exercice de piété pour la communion, par le P. Griffet. *Paris, Desaint,* 1766, in-12, mar. r. fil. tr. dor. (*Anc. rel.*)

Aux armes de la comtesse d'Artois.

54. Lettres de M. de Saint-Martin, évêque de Caradre, vicaire apostolique du Su-Tcuhueiy, à ses père et mère et à son frère, religieux bénédictin; précédées d'une notice biographique, et suivies de notes par M. l'abbé Labouderie. *Paris, Théodore Leclère,* 1822, in-8, mar. citron, fil. tr. dorée (*Lefebvre.*)

Exemplaire de l'abbé Labouderie.

55. Traité de l'estat honneste des Chrestiens en leur accoutrement. — Deux Traitez de Florent Tertullian : l'un des parures et ornemens; l'autre des habits et accoustrements des femmes chres-

tiennes; plus un Traité de sainct Cyprian, euesque de Carthage, touchant la discipline et les habits des filles. *A Genève, par Jean de Laon*, 1580, 2 part. en 1 vol. in-8, mar. grenat, fil. tr. dorée (*Duru.*)

Très-bel exemplaire de Veinant. Vente de 1855, n° 62 du catalogue.

56. Religio universalis et naturalis; disquisitio philosophica, ex exemplis omnium nationum et rationibus variis consolidata. *Parisiis, Ant.-Aug. Renouard*, 1818, in-8, mar. viol. dent. tabis, non rogné.

Un des six exemplaires sur PEAU VÉLIN. De la bibliothèque de Ch. Nodier.

57. Le Philosophe moderne, ou l'Incrédule condamné au tribunal de sa raison, par M. l'abbé Le M. D. G. *Paris, Despilly*, 1759, in-12, mar. rouge, large dent. tr. dor. (*Anc. rel.*)

Aux armes de Mesdames de France.

58. Triomphe de l'Évangile, ou Mémoires d'un homme du monde revenu des erreurs du philosophisme moderne, traduit de l'espagnol sur la septième édition, par J. F. A. B.... des E..... (Buynand des Echelles). *Lyon, Bruyset*, 1805, 4 vol. in-8, mar. r. fil. tr. dor.

IV. SERMONNAIRES.

59. Principes de l'éloquence sacrée, mêlés d'exemples puisés principalement dans l'Ecriture sainte, dans les saints Pères et dans les plus célèbres orateurs chrétiens. *Soissons, L.-F. Waroquier*, 1787, in-8, tiré in-4, pap. de Holl. mar. r. larg. dent. tr. dor. (*Anc. rel.*)

Aux armes de M. de Marbeuf, évêque d'Autun.

60. Sermon de Fr. Olivier Maillard, presché à Bruges en 1500, et aultres pièces du même auteur, avec une notice par M. Iehan Labouderie, président de la Société des bibliophiles. *Paris,*

C. Farcy, 1826, in-8, mar. r. dent. tabis, tr. dorée. (*Lefebvre.*)

Exemplaire sur papier de Hollande. L'édition n'a été tirée qu'à 46 exemplaires, dont quelques-uns seulement sur ce papier. Celui-ci a appartenu à l'abbé Labouderie.

61. Discours prononcé par Fénelon, archevêque de Cambrai, le jour de la bénédiction de M. Dambrines, abbé du Saint-Sépulcre à Cambrai. *Paris, Louis Janet*, 1828, in-8, mar. r. tr. dor. (*Duru.*)

Exemplaire imprimé sur peau vélin. On y a joint un portrait de Fénelon, épreuve sur papier de Chine.

62. Oraisons funèbres de Bossuet, évêque de Meaux. *Paris, Pierre Didot l'aîné et Firmin Didot, an X* (1802), gr. in-18, vél. vert, n. rog.

Exemplaire unique imprimé sur peau vélin.

63. Œuvres complètes de Bourdaloué. *Paris, Méquignon-Havard*, 1826, 16 vol. in-8, dos et coins mar. brun, n. rog. (*Boutigny.*)

Exemplaire en papier vélin. Portrait avant la lettre.

64. OEuvres de Massillon, évêque de Clermont. *Paris, Ant.-Aug. Renouard*, 1810, 13 vol. in-8, portr. v. rac. dent. tr. dor.

65. Petit Carême de Massillon. *Tours, Mame*, 1862, in-8, br.

Tiré à 100 exemplaires.

66. Sermons du Père de la Rue, de la Compagnie de Jésus. *Paris, Rigaud*, 1719, 4 vol. in-8, mar. r. fil. tr. dor. (*Anc. rel.*)

Portrait ajouté.

67. Sermons pour l'Avent et sur divers sujets par Antoine Anselme. *Paris, Gandoin*, 1731, 4 vol. in-8, mar. r. fil. tr. dor. (*Anc. rel.*)

68. Sermons du Père Segaud, de la Compagnie de Jésus. *Paris, J.-B. Coignard*, 1750, 6 vol. in-12, mar. r. fil. tr. dor. (*Anc. rel.*)

Aux armes du Dauphin.

69. SERMONS du Père Charles Frey de Neuville. *Paris, Mérigot*, 1776, 8 vol. in-12, mar. r. fil. tr. dor. (*Anc. rel.*)

Aux armes de Mesdames de France.

70. SERMONS du R. P. Élisée, carme déchaussé, prédicateur du roi. *Paris, Mérigot*, 1785, 4 vol. in-12, mar. r. fil. tr. dor. (*Anc. rel.*)

Aux armes de la comtesse d'Artois.

71. Sermons facétieux ou ridicules, et anecdotes curieuses sur les prédicateurs. *Paris, Delarue, s. d.*, in-8, br.

Exemplaire sur papier vélin jaune et nankin. Deux exemplaires seulement présentent cette particularité.

V. THÉOLOGIE MYSTIQUE.

72. Libri quatuor de Imitatione Christi, præcipuo regni administro dicati. *Parisiis, e typographia fratris regis natu proximi*, 1788; gr. in-8, pap. vél. fig. br.

73. De Imitatione Christi libri qvatvor. *Parmæ, in ædibus Palatinis*, 1793, *typis Bodonianis*, in-fol. cart. n. rog.

Un des 15 exemplaires en papier vélin d'Annonay, de cette belle édition qui restera, avec l'Horace et le Callimaque, comme une des meilleures productions de Bodoni.

74. L'IMITATION DE JÉSUS-CHRIST, traduite et paraphrasée en vers français par P. Corneille. *Paris, Jules Gay*, 1862, in-12 en 2 vol. mar. bl. jans. tr. dor. (*Masson-Debonnelle.*)

Exemplaire sur PEAU VÉLIN.

75. Imitation de Jésus-Christ, nouvelle traduction en vers. *Paris, Ant.-Aug. Renouard*, 1818, in-8, demi-rel. fig.

Exemplaire en grand papier vélin. Figures de Moreau avant la lettre et eau-forte.

76. Imitation de Jésus-Christ, traduction de l'abbé Dassance. *Paris, Curmer,* 1836, gr. in-8, texte encadré, br.

77. L'Imitation de Jésus-Christ, traduction nouvelle par l'abbé de Lamennais. *Tours, Mame,* 1867, gr. in-8, br.

Tiré à 150 exemplaires. Figures de Hallez.

78. L'Imitation de Jésus-Christ, fidèlement traduite du latin, par Michel de Marillac, garde des sceaux de France; édition nouvelle, soigneusement revue et corrigée par M. S. de Sacy, de l'Académie françoise. *Paris, Techener,* 1860, 1 tom. en 2 vol. in-18, mar. br. tr. dor. janséniste. (*Hardy.*)

Superbe exemplaire imprimé sur PEAU VÉLIN.

79. Gerson. De l'Imitation de Jésus-Christ, traduite d'après un manuscrit de 1440, par l'abbé Delaunay. *Paris, librairie Tross,* 1869, gr. in-8, figures sur bois, en feuilles dans un étui.

Exemplaire imprimé sur PEAU VÉLIN.

80. De l'Imitation de Notre-Seigneur Jésus-Christ, par Jean Gerson, traduite en français, en grec, en anglais, en allemand, en italien, en espagnol et en portugais (texte latin en regard); précédée d'études sur l'Imitation de N.-S. Jésus-Christ, d'un essai sur l'auteur de ce livre et d'une notice bibliographique; édition polyglotte publiée sous la direction de J.-B. Monfalcon. *Lyon, Cormon et Blanc,* 1841, gr. in-8, pap. vél. collé.

Exemplaire sur papier jonquille.

81. **Le Quadragesimal spirituel** : C'est assauoir la salade, les feubves frites, les poyspassez, la purée, la lamproye, le saffren, les orẽges, la violette de mars, les pruneaulx, les figues, les alemãdes, le miel, le paĩ, les eschaudez, le vin blanc et rouge, hypocras; les inuitez au disner, les cuisiniers, les serviteurs à table..... (A la fin :) *Cy finist ce present livre nomme le Quadragesimal spirituel, nou-*

uellemẽt imprime à Paris par la veufve Michel le Noir, demourant en la grant Rue Saint-Jacques à lenseigne de la Rose blanche couronnée. S. d., pet. in-4, goth. de 28 ff. non chiffrés, sig. A. G. fig. sur bois, mar. citron, dent. intér. tr. dor. (*Duru.*)

Très-bel exemplaire de ce rare volume, parfaitement conforme à la description qu'en donne le Manuel.

82. **Le Livre** de la discipline d'amour divin. *On les vend à Paris rue Saint-Jacques à l'enseigne de l'homme sauvaige.* (*Regnault Chaudière*, 1537), pet. in-8, goth. à longues lignes, mar. r. large dent. fil. tr. dor. (*Trautz-Bauzonnet*).

Très-bel exemplaire.

83. Le Voyage du puys Sainct-Patrix auquel lieu on voit les peines de purgatoire et aussi les ioyes de paradis (publ. par Veinant et Giraud de Savines). *S. l. ni d.* (*Paris*, 1839), pet. in-4, mar. r. à compartiment, fil. tr. dor. (*Niedrée.*)

Un des deux exemplaires imprimés sur peau vélin.

84. Le Jardin des roses de la vallée des Larmes, trad. du latin par Chenu. *Paris, Jules Gay*, 1862, pet. in-12, mar. r. fil. tr. dor. (*Masson-Debonnelle.*)

Exemplaire sur péau vélin.

85. Les Devotes Epistres de Katherine d'Amboise, publiées pour la première fois par l'abbé J. Bourassé. *Tours*, *Mame*, 1861, in-8, br.

86. Pieux Désirs, imités d'Herm. Hugo, mis en lumière par Boèce de Bolwert. *Ils se vendent chez Séb. Cramoisy*, 1627, in-12, fig. mar vert, fil. à froid, tr. dor. (*Duru.*)

87. Regia via crucis, auctore B. Haeftend. *Antuerpiæ, ex officina Plantiniana*, 1635, pet. in-8, mar. bl. tr. dor. (*Duru.*)

Jolies figures dans le texte.

88. Emblèmes ou Devises chrétiennes, ouvrage mêlé de prose et de vers, et enrichi de figures en taille-douce. *A Lyon, chez la veuve de Claude Chavance,* 1701, in-12, v. f. fil. tr. dor. (*Petit.*)

VI. HISTOIRE DES RELIGIONS.

89. Histoire de l'Église, écrite par Eusèbe, évêque de Césarée, traduite par M. Cousin. — Histoire de l'Eglise, par Socrate, traduite par le même. *Paris, Pierre Rocolet,* 1675, 2 vol. in-4, mar. r. fil. tr. dor. (*Anc. rel.*)

Aux armes du duc de Mazarin.

90. La Papesse Jeanne, étude historique et littéraire, par Philomneste Junior. *Paris, Jules Gay,* 1862, in-12, mar. olive, fil. tête dor. (*Masson-Debonnelle.*)

Un des deux exemplaires sur peau vélin.

91. L'Histoire de Théodorique éuesque de Cyropolis, ville de Médie; en laquelle sont contenues les choses dignes de mémoire aduenues en la primitive Eglise, tant du règne de l'empereur Constantin le Grand comme de ses successeurs, traduite du grec en françoys, par M. D. Mathée. *On les vend à Poictiers, à l'enseigne du Pélican,* 1544, pet. in-8, mar. vert russe, tr. dor. (*Hardy*).

Exemplaire de Cailhava.

92. La Vie et passion de monseigneur sainct Didier, martir et évesque de Lengres, jouée en ladicte cité l'an Mil cccc IIIIxx et deux, composée par vénérable et scientifique personne Maistre Guillaume Flamang, chanoine de Lengres; publiée pour la première fois d'après le manuscrit unique de la bibliothèque de Chaumont, avec une introduction par J. Carnandet, bibliothécaire de Chaumont. *Paris, Techener,* 1855, in-8, br.

Exemplaire sur papier vélin jaune.

93. Les Vies des évesques dv Mans restitvées et corrigées, avec plusieurs belles remarques sur la chronologie, par Dom Iean Bondonnet, bénédictin de Sainct-Vincent du Mans et prieur de Sarcé. *A Paris, chez Edme Martin*, 1651, in-4, mar. vert, fil. à la Du Seuil, tr. dor. (*Niedrée.*)

94. Précis historique et analytique des pragmatiques, concordats, déclarations, constitutions, conventions et autres actes relatifs à la discipline de l'Eglise en France, depuis saint Louis jusqu'à Louis XVIII, par Gabriel Peignot. *Paris, Ant.-Aug. Renouard*, 1817, in-8, br.

95. Histoire des Flagellants, où l'on fait voir le bon et le mauvais usage des flagellations parmi les Chrétiens, par des preuves tirées de l'Ecriture sainte, des Pères de l'Eglise, des Papes, des conciles et des auteurs profanes, traduite du latin de l'abbé Boileau. *Amsterdam, H. du Sauzet*, 1732, in-12, v. br. fil. tr. dor. (*Kœhler.*)

96. La Découverte des équivoques et échappatoires des Jésuites, sur leur prétendu bannissement (et autres pièces sur les Jésuites). *A Paris, Crapelet*, 1830, gr. in-8, cart.

Un des sept exemplaires en grand papier jésus de Hollande. On y a joint une lettre autographe du P. Tournemine. Ce volume a pour titre général : *Pièces historiques, rares ou inédites, pour servir à l'instruction du temps présent.*

97. Lettres violettes et noires ou anti-épiscopales et anti-grandvicariales, pour servir de supplément aux deux histoires modernes de Provence, par l'ex-oratorien Papon, et par le jurisconsulte Bouche, touchant les administrations de Jean de Dieu de Bois-Gelin, archevêque d'Aix, et d'Emmanuel-François de Bausset de Roquefort, évêque de Fréjus, etc., etc. (par l'abbé Rive). *A Dicaiopolis, chez Agathon Eleuthère*, 1789, in-8, br.

98. Lettre vraiment philosophique, à Monseigneur l'évêque de Clermont, sur les différentes motions

qu'il a faites dans notre auguste Assemblée nationale, depuis la fin de septembre dernier jusqu'à présent, dans laquelle on trouvera la discussion critique de plusieurs autres motions de divers autres honorables membres; et le Cura ut valeas du sacerdotisme présent, par l'abbé Rive. *A Nomopolis, chez le compère Eleuthère,* 1790, in-8, br.

Exemplaire en papier de Hollande.

99. Histoire critique de Manichée et du Manichéisme, par M. de Beausobre. *Amsterdam, J.-Frédéric Bernard,* 1734, 2 vol. in-4, cart. n. rog.

Rare.

100. Les Actes et gestes merveilleux de la cité de Genève nouuellement conuertie à l'Euangille faictz du temps de leur reformation et comment ils l'ont receue, redigez par escript en fourme de chroniques, annales ou hystoyres commencant l'an M DXXXII, par Antoine Fromment, mis en lumiere par Gustave Revilliod. *Genève, imprimé par Jules-Guillaume Fick,* 1854, in-8, pap. chamois, vélin.

101. La Ministresse Nicole. Dialogue poictevin de Iosvé et de Jacot, ov l'histoire av vray de ce qui arriva chez le ministre Dvsov et dans le temple des huguenots de Fontenay, le premier iour de may 1665. *S. l. n. d.* (*Poitiers, Henri Oudin,* 1846), in-12, mar. vert, fil. tr. dor. (*Chambolle-Duru.*)

Un des deux exemplaires imprimés sur PEAU VÉLIN de cette réimpression, tirée à 25 exemplaires seulement, d'une pièce excessivement rare.

102. La Mythologie et les fables expliquées par l'histoire, par M. l'abbé Banier. *Paris, Briasson,* 1738, 3 vol. in-4, veau f. fil. tr. dor.

103. Morale de Mahomet, ou Recueil des plus pures maximes du Coran, par M. Savary. *A Constanti-*

nople, et se trouve à Paris, chez Lamy, 1784, in-18, mar. vert, fil. tr. dor. (*Duru.*)

Exemplaire imprimé sur PEAU VÉLIN.

JURISPRUDENCE.

104. De l'Esprit des lois, par Montesquieu. *Paris, P. Didot l'aîné, an XII* (1803), 5 vol. gr. in-18, reliés en vélin vert, non rog. dans des étuis.

Un des deux exemplaires imprimés sur PEAU VÉLIN.

105. OEuvres d'Omer et de Denis Talon, avocats généraux au Parlement de Paris, publiées sur les manuscrits autographes par D.-B. Rives. *Paris, A. Égron*, 1821, 6 vol. in-8, portr. veau f. fil. non rog. tr. sup. dor. (*Niedrée.*)

Exemplaire en papier vélin.

106. Lettres patentes du roi qui ordonnent l'exécution du tarif des frais et droits à percevoir par les procureurs au Parlement de Paris, données à Marly le 23 mai 1778. Registrées en Parlement le 1er juin 1778. *Paris, P.-G. Simon*, 1778, in-4, cart.

Exemplaire imprimé sur PEAU VÉLIN.

107. Recueil de pièces concernant le tribunal du Châtelet de Paris. *S. l. n. d.* (*Paris*, 1776), gr. in-4, cart.

Exemplaire imprimé sur PEAU VÉLIN.

SCIENCES ET ARTS.

I. PHILOSOPHIE.

108. Collection des moralistes anciens, dédiée au roi. *Paris, Didot l'aîné,* 1782-1795, 16 vol. in-18, pap. fin et pap. vélin, mar. rouge, fil. tabis, tr. dor. (*Bozérian.*)

Exemplaire de Pixerécourt. Quelques portraits ajoutés.

109. Manuel d'Epictète en grec, avec une traduction française, précédée d'un discours contre la morale de Zénon, et contre le suicide, par M. Lefebvre de Villebrune. *A Paris, de l'imprimerie de Ph.-D. Pierres, et se trouve chez Lamy,* 1783, in-18, mar. bl. fil. tête dor. (*Chambolle-Duru.*)

Exemplaire imprimé sur peau vélin.

110. Manuale di Epitetto volgarizzato da Eritisco Pilenejo. *Parma, nel regal Palazzo,* 1793, *co'tipi Bodoniani,* pet. in-8, mar. vert, doublé de moire, non rog. (*Spachmann.*)

Imprimé sur peau vélin.
C'est à tort que Renouard, dans le catalogue de sa bibliothèque, indique comme unique sur vélin l'exemplaire qu'il possédait, et qui, acheté par M. Cicongne, fait aujourd'hui partie de la bibliothèque du duc d'Aumale.
Le titre du nôtre est imprimé en or, ainsi que les lettres initiales.

111. M. T. Ciceronis de Officiis ad Marcum filium libri tres, ex editione Oliveti Parisiis vulgatæ. *Londini, T. Payne,* 1791, in-12, pap. vél. mar. r. fil. tr. dor.

112. Traités de Cicéron, sur l'amitié et la vieillesse (trad. par l'abbé Mignot). *S. l.* (*Paris, Didot*), 1780, in-12, pap. fin d'Annonay, mar. rouge, fil. tr. dor. (*Anc. rel.*)

Tiré à 50 exemplaires.

113. Académiques de Cicéron, avec le texte latin de l'édition de Cambridge et des remarques nouvelles, outre les conjectures de Davies et de Mons. Bentley, et le commentaire philosophique de Pierre Valentia, jurisc. espagnol, par un des membres de la S..R. (David Durand). *Londres, Paul Vaillant*, 1740, pet. in-8, mar. rouge à comp. fers à froid. (*Thouvenin*.)

Bel exemplaire d'un livre très-rare, non rogné.

114. RÉFLEXIONS MORALES DE L'EMPEREUR MARC-ANTONIN, traduites par Dacier, édition ornée de figures dessinées par Moreau le jeune. *De l'impr. de Didot jeune, à Paris, chez Saugrain, an IX*, 1800, gr. in-4, demi-rel. mar.

Exemplaire en très-grand papier vélin, orné des DESSINS ORIGINAUX de Moreau le jeune, des figures avant la lettre et eaux-fortes.

115. Pensées de l'empereur Marc-Aurèle Antonin, traduites du grec par M. de Joly. *A Paris, chez Ant.-Aug. Renouard, an XI* (1803), 1 tom. en 2 vol. in-12, mar. bleu, fil. tabis, non rog.

Exemplaire unique imprimé sur PEAU VÉLIN. Il est orné du dessin original du portrait par Saint-Aubin, et d'une épreuve sur papier de Chine de ce même portrait.

116. Analyse des traités des Bienfaits et de la Clémence de Sénèque, précédée d'une vie de ce philosophe. *Paris, Barbou*, 1776, in-12, mar. r. fil. tr. dor. (*Anc. rel.*)

117. Anic. Manl. Torq. Severi BOETHII de consolatione philosophiæ libri quinque. Recensuit, emendavit, edidit Johan. Eremita (de Bure de Saint-Fauxbin). *Parisiis, Lamy*, 1783, 3 vol. in-12. mar. rouge, dent. tabis, tr. dor. (*Aux armes de Mme la duchesse de Berry*.)

Exemplaire imprimé sur PEAU VÉLIN, avec une miniature au premier volume.

118. DE LA SAGESSE, trois livres, par Pierre Charron, Parisien, chanoine théologal et chantre en l'Eglise cathédrale de Condom. *Dijon, de l'impr. de L.-N.*

Frantin, 1801, 4 vol. in-12, rel. en vél. non rog. dans des étuis.

Un des trois exemplaires imprimés sur PEAU VÉLIN.
Portrait sur chine et sur papier rose.

119. Maximes et réflexions morales du duc de la Rochefoucauld. *A Paris, de l'imprimerie de P. Didot l'aîné*, 1796, gr. in-4, pap. vél.

120. Maximes et réflexions morales du duc de la Rochefoucauld. *A Parme, de l'imprimerie Bodoni*, 1811, in-fol. pap. vél. demi-rel. non rog.

121. Maximes et réflexions morales du duc de la Rochefoucauld, ornées de son portrait gravé d'après Petitot par P.-P. Choffard, et d'un modèle de son écriture par Milles. *Paris, J.-J. Blaise*, 1813, in-8, mar. rouge à comp. tabis à fleurs, tr. dor. (*Simier*.)

Un des six exemplaires sur papier de Hollande. Il est orné d'un portrait de la Rochefoucauld joint à celui de l'édition, et a figuré pour sa reliure à l'Exposition de 1819. (Catalogue Nodier, 1829, n° 116.)

122. Réflexions ou Sentences et maximes morales de la Rochefoucauld, édition publiée par L. Aimé-Martin. *Paris, Lefèvre*, 1822, gr. in-8, demi-rel. dos et coins mar. la Vall. non rog. (*Simier*.)

Un des deux exemplaires imprimés sur PEAU VÉLIN.
Il est orné de trois portraits de la Rochefoucauld, avant la lettre et sur papier de Chine.

123. La Rochefoucauld. Réflexions ou sentences et maximes morales. *Paris, Académie des bibliophiles*, 1868, in-8, en feuilles dans un étui.

Exemplaire sur PEAU VÉLIN.

124. Les Caractères de la Bruyère, suivis des Caractères de Théophraste, traduits du grec, par le même. *Paris, Lefèvre*, 1824, 2 vol. in-8, cart. non rog.

Exemplaire en grand jésus vélin.

125. Les Caractères ou les Mœurs de ce siècle, par la Bruyère, suivis des discours à l'Académie, et

de la traduction de Théophraste. *Paris, Belin-Leprieur*, 1845, gr. in-8, jésus vélin.

125 *bis*. Dictionnaire philosophique, dans lequel sont réunis les questions sur l'encyclopédie, l'opinion en alphabet, les articles insérés dans l'encyclopédie, et plusieurs destinés pour le dictionnaire de l'Académie française, par Voltaire. *Paris, P. Didot l'aîné*, 1809, 14 vol. gr. in-18, reliés en vélin vert, non rog. dans des étuis.

Superbe exemplaire, l'un des deux imprimés sur peau vélin.

126. Entretiens de Phocion sur le rapport de la morale avec la politique, traduits du grec de Nicoclès par Mably. Edition à laquelle on a joint la vie de Phocion par Plutarque, traduction d'Amyot. *Paris, de l'impr. de Didot le jeune, l'an troisième*, in-4, tiré in-fol. pap. vél. mar. rouge, dent. tr. dor. (*Lefebvre.*)

Exemplaire unique, orné des dessins originaux de Moreau le jeune, des figures avant la lettre et des eaux-fortes.

127. Entretiens de Phocion sur le rapport de la morale avec la politique, par Mably. *A Paris, chez Ant.-Aug. Renouard, XII*-1804, in-12, portr. mar. bleu tabis, non rog.

Exemplaire unique imprimé sur peau vélin.

128. Nyctologues de Platon (par le marquis de Saint-Simon). *S. l.*, (1784), 2 part. en 1 vol. in-4, demi-rel. mar. r. non rog.

Tiré à petit nombre.

II. ÉCONOMIE POLITIQUE. — ÉDUCATION.

129. Du Contrat social, ou principes du droit politique, par J.-J. Rousseau. *Paris, Didot jeune*, 1795, gr. in-4, mar. r. fil. dent. int. tr. dor. (*Bozérian.*)

Exemplaire sur peau vélin. Il est orné du portrait de J. J. Rousseau avant la lettre, et d'un dessin de Devisge (1796).

130. OEuvres de M. de Chamousset, contenant ses projets d'humanité, de bienfaisance et de patriotisme : précédées de son éloge, dans lequel on trouve une analyse suivie de ses ouvrages, par M. l'abbé Cotton Des-Houssayes. *Paris, de l'impr. de Ph.-D. Pierres,* 1783, 2 vol. in-8, mar. rouge, fil. tr. dor. (*Anc. rel.*)

131. Recherches sur le commerce, la fabrication et l'usage des étoffes de soie, d'or et d'argent et autres tissus précieux en Occident, principalement en France pendant le moyen âge, par Francisque Michel. *Paris, Crapelet,* 1852, *et Lahure,* 1854, 2 vol. in-4, dos et coins cuir de Russie, non rog. tr. sup. dor. (*Petit.*)

Ouvrage important, tiré à 250 exemplaires seulement, aux frais de M. Yemeniz.

132. De Ciuilitate morvm pverilium per Des. Erasmum libellus, ab autore recognitus. *Lugduni, apud Franciscum E. Claudium Marchant fratres,* 1548, pet. in-8, mar. rouge, tr. dor. (*Duru.*)

Exemplaire rempli de témoins.

133. Les Demandes faites par le roi Charles VI, touchant son état et le gouvernement de sa personne, avec les réponses de Pierre Salmon, son secrétaire et familier; publiées avec des notes historiques d'après les manuscrits de la Bibliothèque du roi, par G.-A. Crapelet. *Paris, de l'imprimerie de Crapelet,* 1833, gr. in-8, cart. non rog. *fac-simile.*

III. SCIENCES NATURELLES ET MÉDICALES.

134. Histoire naturelle des Tangaras, des Manakins et des Todiers, par Anselme-Gaëtan Desmarest, avec figures imprimées en couleur, d'après les dessins de Mlle Pauline de Courcelles, élève de Barraband. *Paris, Garnery,* 1805, gr. in-fol. pap. vél. demi-rel. mar. rouge, non rog.

Exemplaire avec la double suite des figures, noires et coloriées.

135. Histoire naturelle des oiseaux (par Buffon). *Paris, Imprimerie royale*, 10 vol. tr.-gr. in-4, mar. rouge, fil. tr. dor. (*Anc. rel. avec armoiries.*)

Figures coloriées; bel exemplaire.

136. The Birds of Great-Britain with their eggs accurately figured by William Lewin. *London, printed for the author*, 1789-1794, 7 vol. gr. in-4, mar. rouge, dent. tabis, tr. dor. (*Rel. anglaise.*)

Imprimé sur PEAU VÉLIN.
Précieux exemplaire de Mac-Carthy, vendu 3,000 fr. à sa vente. Les planches, peintes avec une grande perfection, sont au nombre de 317, dont 265 représentent des oiseaux, et 52 des œufs.

137. Histoire abrégée des coquillages de mer, de leurs mœurs et de leurs amours, par M. le marquis de Cubières. *Versailles, Ph.-D. Pierres*, 1799, in-4, fig. mar. violet, à comp. tr. dor. (*Thouvenin.*)

138. Traité des arbres fruitiers, contenant leur figure, leur description et leur culture, etc., par M. Duhamel du Monceau. *Paris, Saillant et Desaint*, 1768, 2 vol. gr. in-4, mar. rouge, fil. tr. dor. (*Derome le jeune.*)

Exemplaire en grand papier.

139. Essai sur l'état des jardins modernes, par M. Horace Walpole, traduit en françois par M. le duc de Nivernois. *Imprimé à Strawberry-Hill*, 1785, in-4, dos et coins mar. vert, non rog. (*Bauzonnet.*)

Exemplaire du comte de la Bédoyère.

140. **Des diuers trauaulx** et enfantemēs des femmes et par quel moyen lon doit suruenir aux accidens qui peuuent escheoir deuant et après iceulx trauaux. Item quel lait et quelle nourrisse on doit eslire aux enfans : ensemble aucuns remèdes concernens plusieurs maladies survenantes auxd' enfans nouueaux nez. — Livret fort utile et duysāt pour survenir à beaucoup de necessitez. Compose premierement en latin par excellent medicin de

Francfort, maistre Euchaire Rodion, et depuis tourné en langue françoise à l'utilité de plusieurs personnes. *On les vend à Paris, en la boutique de Iehan Foucher*, 1536, pet. in-8, goth. fig. sur bois, mar. rouge, fil. tr. dor. (*Derome.*)

Bel exemplaire d'un livre très-rare. Il a appartenu à Veinant, et précédemment à Mac-Carthy.

IV. ARTS DIVERS. — CHASSE.

141. **Le Livre du roi Modus** et de la royne Racio, publié par Elzéar Blaze. *Paris*, 1839, gr. in-8, pap. de Holl. goth. fig. sur bois, v. f. fil. tr. dor. (*Kœhler.*)

142. La Vénerie de Jacques du Fouilloux, précédée de notes biographiques et d'une notice bibliographique (par M. Pressac). *Angers, Ch. Lebossé*, 1844, tr. gr. in-8, fig. sur bois, mar. bleu, fil. tr. dor. (*Petit.*)

Exemplaire sur papier vélin bleu.

143. Livre du roy Charles, de la Chasse du cerf, publié pour la première fois d'après le manuscrit de la bibliothèque de l'Institut, par Henri Chevreul. *Paris, Aug. Aubry*, 1859, in-8, portr. et fig.

Un des huit exemplaires sur papier chamois.

144. Le Livre de la chasse du grand seneschal de Normandje et les ditz du bon chien Souillard qui fut au roy Louis de France, XIe de ce nom, publié par le baron Jérôme Pichon. *Paris, Aug. Aubry*, 1858, pet. in-8, br.

Un des dix exempl. sur papier de couleur. Celui-ci est sur papier jaune.

145. Traitté de la Vénerie par feu M. Budé, conseiller du roy François Ier, et maistre des requestes ordinaire de son hostel, traduict du latin en françois par Loys le Roy dict Regius, suyvant le commandement qui lui en a esté faict à Blois par le roy Charles IX, publié pour la première fois, d'après le manuscrit de l'Institut, par Henri Che-

vreul. *Paris*, *Aug. Aubry*, 1861, in-8, mar. vert, fil. non rog. tr. sup. dor. (*Chambolle-Duru.*)

Un des cinq exemplaires imprimés sur PEAU VÉLIN.

146. Traitté de la Vénerie par feu M. Budé, conseiller du roy François Ier, et maistre des requestes ordinaire de son hostel, traduict du latin en françois par Loys le Roy dict Regius, et publié pour la première fois d'après le manuscrit de l'Institut, par Henri Chevreul. *Paris, Aubry*, 1861, pet. in-8, broché.

Un des cinq exemplaires sur papier de Chine.

147. LA NOBLE ET FURIEUSE CHASSE DU LOUP, composée par Robert Monthois. *Suivant l'édition imprimée à Ath.* (*Techener*, 1865), pet. in-8, mar. rouge, fil. (*Chambolle-Duru.*)

Exemplaire sur PEAU VÉLIN.

148. LA CHASSE DU LOUP, nécessaire à la maison rustique, en laquelle est contenv la nature des loups et la maniere de les prendre, tant par chiens, filets, piéges, qu'autres instrumens. Le tout enrichy de plusieurs figures et portraits representez aprés le naturel, par Iean Clamorgan. *Rouen, David et Pierre Geoffroy*, 1665, 1 vol. in-4, mar. vert russe, tr. dor. (*Hardy.*)

149. LES RUSES INNOCENTES, dans lesquelles se voit comment on prend les oiseaux passagers et les non passagers: et de plusieurs sortes de bêtes à quatre pieds, etc., par F. F. F. R. D. G., dit le Solitaire inventif. *Paris, Ch. de Sercy*, 1688, in-4, mar. vert, fil. à comp. tr. dor. (*Petit.*)

Aux armes de M. W. Hope. Bel exemplaire de cette édition, la meilleure de ce format.

150. TRAITÉ DE VÉNERIE et de chasses (par Goury de Champgrand). *Paris, Hérissant*, 1769, 2 tom. en 1 vol. in-4, fig. mar. rouge, tr. dor. (*Hardy.*)

151. VÉNERIE NORMANDE, ou l'École de la chasse aux chiens courants, pour le lièvre, le chevreuil, le

cerf, le daim, le sanglier, le loup, le renard et la loutre; avec les tons de chasse, accompagnés de chacun une explication sur l'occasion et les circonstances où ils doivent être sonnés, et un traité des remèdes, et un dictionnaire des termes de chasse, etc., par M. le Verrier de la Conterie. *A Rouen, chez Laurent Dumesnil,* 1778, in-8, fig. mar. r. tr. dorée. (*Thompson.*)

152. Grammatographie du IXe siècle, types calligraphiques tirés de la Bible de Charles le Chauve, manuscrit de la Bibliothèque royale, par J.-B.-J. Jorand, peintre, publiée sous les auspices de M. Guizot, ministre de l'instruction publique. Ouvrage lithographié par Engelmann. *Paris,* 1837, in-fol. br. fig.

Exemplaire en grand papier.

153. RECUEIL, OU ALPHABET de lettres initiales historiques avec bordures et fleurons d'après les XIVe et XVe siècles, par J. Midolle, peintre et compositeur paléographe, 1846. *Gand, chez l'éditeur O. Jacqmain,* in-fol. pap. porcelaine, dos et coins, mar. bleu, non rogn.

Belle publication. Exemplaire en or et couleurs.

154. Epreuves générales des caractères qui se trouvent chez Claude Lamesle, fondeur de caractères d'imprimerie. *Paris*, 1742, in-4, mar. rouge, riche comp. tr. dor. (*Anc. rel.*)

155. Histoire de l'horlogerie depuis son origine jusqu'à nos jours, précédée de recherches sur la mesure du temps dans l'antiquité, et suivie de la biographie des horlogers les plus célèbres de l'Europe, par Pierre Dubois. Illustrations archéologiques exécutées sous la direction de Ferdinand Seré. *Paris,* 1849, in-4, jésus vélin, br.

156. La Philosophie des images énigmatiques, où il est traité des énigmes, hiéroglyphes, oracles, prophéties, sorts, divinations, loteries, talismans,

songes, centuries de Nostradamus et de la Baguette, par le P. Cl.-François Menestrier. *Lyon, Hilaire Baritel*, 1694, 1 vol. in-12, dos et coins, veau fauve, non rogn. tr. sup. dor. (*Petit.*)

157. Robert Jones. A new Treatise on artificial fireworks. *London*, 1765, in-8, mar. r. dent. tr. dor. figures.

BEAUX-ARTS.

I. INTRODUCTION.

158. Périclès. De l'Influence des beaux-arts sur la félicité publique, par Charles d'Alberg, associé étranger de l'Institut de France ; nouvelle édition, revue et corrigée par l'auteur. *Paris, A.-G. Debray*, 1807, in-12, mar. rouge, dent. tabis, tr. dorée.

Exemplaire du prince Masserano.

159. Des Arts et des Artistes en Espagne, jusqv'à la fin dv XVIIIe siècle, par Edovard Laforge. *Lyon, imprimerie de Lovis Perrin*, 1859, gr. in-8, papier teinté, br.

160. Le Cabinet de l'Amateur et de l'Antiquaire. Revue des tableaux et des estampes anciennes, des objets d'art, d'antiquité et de curiosité (par M. Piot). *Paris, au bureau du journal*, 1842-1846, 4 vol. gr. in-8, demi-rel. v. violet, non rogn.

Exemplaire bien complet, avec les planches de vitraux coloriées, les eaux-fortes tirées à part, et, entre autres, le Fumeur de Meissonnier, avant la lettre, sur papier de Chine.

On sait que la planche a été détruite, et que cette estampe fort recherchée est devenue rare.

161. Le Trésor de la curiosité, tiré des catalogues de vente de tableaux, dessins, estampes, livres, marbres, bronzes, ivoires, terres cuites, vitraux, médailles, armes, porcelaines, meubles, émaux, laques et autres objets d'art, avec diverses notes et notices historiques et biographiques, par M. Charles Blanc. *Paris, veuve Jules Renouard,* 1857, 2 vol. gr. in-8, fig. br.

Exemplaire en grand papier de Hollande.

162. Le Cabinet du duc d'Aumont, et les Amateurs de son temps, accompagné d'une notice sur P. Gouthière, par le baron Davillier. *Paris, Aubry,* 1870, in-8, fig. en feuilles dans un étui.

Exemplaire sur PEAU VÉLIN.

II. DESSINS.

163. Catalogue d'une belle collection de dessins italiens, flamands, hollandois et françois, rassemblés avec soin et dépenses par M. Neyman, amateur à Amsterdam, par Fr. Basan. *Paris, Basan,* 1776, in-8, demi-rel. v. bl. non rogn.

Catalogue recherché pour les planches dont il est orné, et qui reproduisent des dessins capitaux d'Adrien Van-Velde, de Ruysdaël, de Potter, d'Ostade, etc.

164. Dix-huit Dessins d'Achille Devéria, à la sépia, pour la Bible publiée par Lefèvre. In-4 sur carton Bristol.

Deux de ces dessins n'ont pas été gravés.

165. Saint-Aubin. Quarante-cinq Dessins, montés sur papier, in-12, cuir de Russie, tr. dor.

Petits médaillons représentant des personnages célèbres du dix-huitième siècle, tels que Perronet, de Prony, Voltaire, Helvétius, Parmentier, Lalande, Morellet, de Mairan, etc., etc.

166. Dix Portraits à la sépia, sur vélin, dessinés par Chazal. Grand in-8.

Comte Daru, comte de Corbière, Aimé-Martin, Michel de l'Hospital, comte François de Nantes, Amyot, d'Aguesseau, le P. Gilet, comte de Ségur, le prince Lebrun, Gault de Saint-Germain.

Ce sont les originaux des portraits gravés par Tardieu, de chacun de ces personnages.

167. Staal. Dessins originaux, portraits de Lamennais. La Lisette de Béranger. Mme de Lamartine, etc. 4 pièces in-8.

168. Portrait de Montesquieu. Dessin de Cazenave.

169. Suite de dix Dessins très-finement exécutés à l'encre de Chine, par Ab. Girardet. Neuf eaux-fortes et cinq vignettes terminées avant la lettre, par le même.

170. Suite complète des vingt-cinq dessins originaux de Marillier, pour l'Iliade d'Homère, trad. par Gin. 4 vol. in-4.

Très-belle suite.

171. Sept Dessins inédits, à la sépia, par Roger et Frillay, pour les œuvres de Boileau.

De la bibliothèque du comte de la Bédoyère. — On y a joint vingt et un dessins originaux à la sépia, par Choquet. Portraits des personnages cités dans Boileau.

172. Six Dessins inédits à la sépia, par Frilley, pour les œuvres de P. et Th. Corneille, et un septième représentant les portraits des deux frères, avec quatre scènes prises dans leurs ouvrages.

De la bibliothèque du comte de la Bédoyère.

173. Douze Dessins in-8, à la sépia, par Moreau le jeune, pour les œuvres de Racine, montés sur papier vélin, gr. in-8.

Cette suite de dessins a été faite pour les Œuvres de Racine, publiées en 1810 par les libraires Ménard et Raymond. — De la bibliothèque du comte de la Bédoyère.

174. Douze Dessins et un portrait exécutés à la sépia, par Choquet, pour les œuvres de Racine.

De la bibliothèque du comte de la Bédoyère.

175. Quatre Dessins à la sépia, par Desenne, pour Alexandre, Britannicus, Bérénice et Mithridate de Racine.

De la bibliothèque du comte de la Bédoyère. — Plus, un dessin de Choquet pour les *Plaideurs*, et un dessin de Garnier pour *Bérénice*.

176. DIX-HUIT DESSINS in-8, à la sépia, par Desenne, pour les œuvres de Molière, et le portrait in-8, à la sépia, de ce dernier, dessiné par Laguiche.

Ces dessins, que l'on considère comme le chef-d'œuvre de Desenne, ont appartenu à M. Boulle. Acquis pour 800 fr. à la vente de cet amateur par le comte de la Bédoyère, ils proviennent de la bibliothèque de ce dernier.

177. Deux Portraits historiés de Molière, par Baudet-Bauderval, et trois dessins de Choquet pour Sganarelle, le Malade imaginaire et le Médecin malgré lui.

Ces dessins n'ont pas été gravés.

178. SIX DESSINS d'après Gravelot, pour la partie de chasse d'Henri IV, par Collé. Quatre figures avant la lettre, deux eaux-fortes et une vignette avant la lettre, d'après Prevost.

179. DESSIN ORIGINAL par le Barbier, pour le compte de la duchesse de Châtillon, et la vignette par Ponce.

180. SEIZE DESSINS originaux, par Frilley, pour Gil Blas de Le Sage.

Ils n'ont pas été gravés.

181. DOUZE DESSINS, à la sépia, par Choquet, pour Gil-Blas de Le Sage. — Dessin inédit à l'encre de Chine, par Baudet-Bauderval, du portratt de Le Sage.

182. Collection de soixante-et-onze dessins originaux, par Zwecker, représentant les principaux événements de l'histoire universelle, depuis la création jusqu'en 1835.

Ces dessins ont été gravés en Allemagne.

183. Suite complète de quatre dessins originaux pour les mémoires de Catinat. 3 vol. in-8.

Plus, le portrait gravé par Leroux, sur papier de Chine, avant la lettre.

184. HUIT DESSINS de Choquet, pour les Mémoires du chevalier de Grammont, par Hamilton.

Ces dessins ont été gravés. On a joint aux dessins les figures avant la lettre et les eaux-fortes.

III. PEINTURE.

185. De Artificiali Perspectiva Viator secvndo. *S. l. n. d.*, 1 vol. pet. in-fol. fig. s. bois, mar. bl. jans. r. dor. (*Chambolle-Duru.*)

Un des quatre exemplaires imprimés sur PEAU VÉLIN, de la réimpression fac-simile faite à Paris, en 1860, par le procédé Pilinski. Outre la notice d'Anatole de Montaiglon, placée en tête de l'ouvrage, on y a joint un exemplaire, tiré in-folio et sur PEAU VÉLIN, d'un travail plus étendu du même auteur sur Jean Pelerin, et qui a pour titre : *Notice historique et bibliographique sur Jean Pelerin, chanoine de Toul, et sur son livre* de Artificiali perspectiva, *lu à la Société générale des antiquaires de France, dans sa séance du 9 janvier* 1861.

186. Trattato della Pittura di Lionardo da Vinci. *Milano*, 1804, 2 tomes en 1 vol. gr. in-8, mar. La Vall. fil. non rogn. figures.

Exemplaire imprimé sur PEAU VÉLIN.

187. Idée de la perfection de la peinture démonstree par les principes de l'art et par des exemples conformes aux observations que Pline et Quintilien ont faites sur les plus célèbres tableaux des anciens peintres, mis en parallèle à quelques ouvrages de nos meilleurs peintres modernes, Léonard de Vinci, Raphaël, Iules Romain et le Poussin, par Roland Fréart, sievr de Chambray. *Av Mans, de l'impr. de Iacques Isambart,* 1662. In-4. mar. vert, fil. tr. dorée. (*Thompson.*)

188. Payne's book of art with the celebrated Galleries of Munich. Being a selection of subjects engraved after pictures by old and modern Masters with descriptive text together with a History of art. *London, French, s. d.*, 3 vol. in-4, pap. vélin, cartonnés, figures.

189. Galerie lithographiée de Son Altesse Royale Mgr le duc d'Orléans, publiée par MM. J. Vatout et J.-P. Quénot. *Paris, au bureau de la galerie lithographiée de S. A. R. Mgr le duc d'Orléans, s. d.*,

2 vol. in-folio, mar. rouge à comp. tr. dorée. (*Simier.*)

Exemplaire en grand papier vélin, fig. sur chine, avant la lettre.

190. La Vie des peintres flamands, allemands et hollandois, avec des portraits gravés en taille-douce, une introduction de leurs principaux ouvrages, et des réflexions sur leurs différentes manières, par M. J.-B. Descamps. *Paris*, *Charles-Antoine Jombert*, 1753, 4 vol. in-8. — Voyage pittoresque de la Flandre et du Brabant, avec des réflexions relativement aux arts et quelques gravures, par Descamps. *Paris*, *Desaint*, 1769, 1 vol. — Ensemble : 5 vol. in-8, br. n. rogn. portraits.

191. Abrégé de la vie des plus fameux peintres, avec leurs portraits gravés en taille-douce, les indications de leurs principaux ouvrages, quelques réflexions sur leurs caractères, et la manière de connaître les dessins des grands maîtres, par M*** (Dezallier d'Argenville). *Paris*, *Debure*, 1745-1752, 3 vol. in-4, mar. rouge, fil. tr. dorée. (*Hardy.*)

Superbe exemplaire de Solar.

192. Le Livre des peintres et graveurs, par Michel de Marolles, abbé de Villeloin, nouvelle édition, revue par M. Georges Duplessis. *Paris*, *P. Jannet*, 1855, in-16, relié en percaline, non rogn.

Exemplaire sur papier de Chine.

193. L'Émail des peintres, par Claudius Popelin. *Paris*, *Lévy*, 1866, in-8, cartonné.

Exemplaire sur peau vélin.

194. Notice de vingt-deux grandes miniatures, ou Tableaux en couleur, réunis en tête d'un manuscrit du xve siècle ; précédée de quelques recherches sur l'usage d'enrichir les livres de ces sortes d'ornemens chez les anciens et au moyen âge, par Gabriel Peignot. *Dijon*, *de l'impr. de Frantin*, 1832, in-8, pap. vél. br.

Tiré à 108 exemplaires.

195. STATUTS DE L'ORDRE DU SAINT-ESPRIT au droit désir, ou du Nœud, institué à Naples en 1352 par Louis d'Anjou, premier du nom, roi de Jérusalem, de Naples et de Sicile, manuscrit du XIVe siècle, conservé au Louvre dans le musée des souverains français, avec une notice sur la peinture des miniatures et la description du manuscrit par M. le comte Horace de Viel-Castel. *Paris, Engelmann et Graff*, 1853, 1 vol. in-folio, cart. non rogn. fig. or et couleurs.

Un des cinquante exemplaires en grand papier, de format double de celu des exemplaires ordinaires.

Cette splendide publication est un chef-d'œuvre de chromolithographie

196. LES ÉMAUX DE PETITOT du musée impérial du Louvre, portraits de personnages historiques et de femmes célèbres du siècle de Louis XIV, gravés au burin par M. L. Ceroni. *Paris, Blaisot*, 1862, 2 vol. gr. in-4 en feuilles.

Exemplaire en papier de Hollande, avec les portraits sur papier de Chine, avant toutes lettres.

197. Mémoires pour servir à l'histoire de l'Académie royale de peinture et de sculpture, depuis 1648 jusqu'en 1664, publiés pour la première fois par M. Anatole de Montaiglon. *Paris, P. Jannet*, 1853, 2 vol. in-12, br.

Un des deux exemplaires sur papier bleu.

198. Edmond et Jules de Goncourt. Les Saint-Aubin, étude contenant quatre portraits inédits gravés à l'eau-forte. *Paris*, *E. Dentu*, 1859, gr. in-4, papier teinté, br.

Tiré à 200 exemplaires.

199. Edmond et Jules de Goncourt. Watteau, étude contenant quatre dessins gravés à l'eau-forte. *Paris, E. Dentu*, 1860, gr. in-4, papier teinté.

Tiré à 200 exemplaires.

200. Edmond et Jules de Goncourt. Prudhon, étude contenant quatre dessins gravés à l'eau-forte. *Paris, E. Dentu*, 1861, gr. in-4, papier teinté, br.

Tiré à 200 exemplaires.

201. Edmond et Jules de Goncourt. Boucher, Étude contenant quatre dessins gravés à l'eau-forte. *Paris, E. Dentu*, 1862, gr. in-4, pap. teinté, broch.

202. Edmond et Jules de Goncourt. Greuze, Étude contenant quatre dessins gravés à l'eau-forte. *Paris, E. Dentu*, 1863, in-4, pap. teinté, br.

203. Edmond et Jules de Goncourt. Chardin, Étude contenant quatre dessins gravés à l'eau-forte. *Paris, E. Dentu*, 1864, in-4, pap. teinté.

204. Edmond et Jules de Goncourt. Fragonard, Étude contenant quatre dessins gravés à l'eau-forte. *Paris, Dentu*, 1865, in-4, pap. teinté, br.

205. Edmond et Jules de Goncourt. Debucourt, Étude contenant deux dessins gravés à l'eau-forte. *Paris, Dentu*, 1866, in-4, papier teinté, br.

206. Edm. et Jules de Goncourt. Latour, Étude contenant quatre dessins gravés à l'eau-forte. *Paris, Dentu*, 1867, in-4, br.

207. Edm. et Jules de Goncourt. Les Vignettistes (Gravelot et Cochin), Etude contenant deux dessins gravés à l'eau-forte. *Paris, Dentu*, 1868, in-4, br.

208. Edm. et Jules de Goncourt. Les Vignettistes (Eisen, Moreau), Etude contenant deux dessins gravés à l'eau-forte. *Paris, Dentu*, 1870, in-4, br.

209. Albums chinois. Personnages et sujets de comédies. 12 peintures sur papier de riz. — Oiseaux, 12 peintures. — Coquillages, 13 peintures. — 3 albums oblongs, reliés en soie.

IV. GRAVURE. — LIVRES A FIGURES.

210. Dictionnaire des graveurs anciens et modernes, depuis l'origine de la gravure, par F. Basan, graveur. Seconde édition, mise par ordre alphabétique, considérablement augmentée et ornée de

cinquante estampes par différens artistes célèbres. *Paris, l'Auteur*, 1789, 2 vol. in-8, cart. non rogn. *Figures.*

211. Manuel de l'amateur d'estampes, par M. Charles Le Blanc. Ouvrage destiné à faire suite au Manuel du libraire et de l'amateur de livres, par J.-Ch. Brunet. *Paris, Jannet*, 1850 *et années suivantes*, gr. in-8, pap. vél.

Sept livraisons, les seules parues, et tirées à très-petit nombre sur ce papier supérieur.

212. Idée générale d'une collection complète d'estampes, avec une dissertation sur l'origine de la gravure et sur les premiers livres d'images (par Heinecken). *Leipsic et Vienne, Paul Kraus*, 1771, in-8, demi-rel. mar. viol. non rogn. 28 pl.

Bel exemplaire d'un livre rare.

213. Idée générale d'une collection complète d'estampes, avec une dissertation sur l'origine de la gravure et sur les premiers livres d'images (par Heinecken). *Leipsic et Vienne, J.-P. Kraus*, 1771, in-8, demi-rel., dos et coins. maroq. r., 28 pl.

214. Catalogue de l'œuvre de Ch.-Nic. Cochin fils, par Charles-Antoine Jombert. *Paris, Prault*, 1770, in-8, v. jaspé, fil. tr. dor. (*Padeloup.*)

Exemplaire auquel on a réuni les deux catalogues suivants :

I. Catalogue d'une riche collection de peintures à gouazze et au pastel, de dessins précieux et non montés, d'estampes choisies en feuilles et en recueils; le tout des trois écoles. Du cabinet de M*** (Lempereur). *Paris, Prault*, 1773. (*Avec les prix.*)

II. Catalogue des tableaux, dessins, marbres, bronzes, etc., etc., du cabinet de M*** (Dazincourt). *Paris, Prault*, 1783. (*Avec les prix.*)

215. Iconographie des estampes à sujets galants et des portraits de femmes célèbres par leur beauté indiquant les sujets, les peintres, etc., par le comte d'I***. *Genève, Gay et fils*, 1868, in-8, br.

Exemplaire sur papier de Hollande.

216. Catalogue d'estampes, portraits et pièces historiques, règne de Louis XVI, aérostats, révolution de 1789, composant le cabinet de M. L.....

(Laterade), rédigé par A. Rochoux. (*Paris*) 1858-1859, 4 part. en 1 vol. in-8, dos et coins mar. rouge, non rogn. tr. sup. dorée.

Exemplaire bien complet, avec les prix à tous les articles et le portrait de M. Laterrade.

217. Traité historique et pratique de la gravure en bois, par J.-M. Papillon. Ouvrage enrichi des plus jolis morceaux de sa composition et de sa gravure. *Paris, Pierre-Guillaume Simon*, 1766, 3 tom. en 2 vol. in-8, cartonnés, non rogn.

218. Histoire de la gravure en manière noire, par Léon de Laborde. *Paris, imprimerie de Jules Didot l'aîné,* 1839, gr. in-8. fig. et fac-simile, dos et coins mar. rouge, non rogn. tr. sup. dorée.

Exemplaire bien complet d'un livre très-rare.

219. Des Gravures sur bois dans les livres de Simon Vostre, libraire d'heures, par Jules Renouvier, avec un avant-propos par Georges Duplessis. *Paris, Aug. Aubry,* 1862, in-8, fig. sur bois, mar. vert. fil. non rogn. tr. sup. doré. *Chambolle-Duru.*)

Un des quatre exemplaires imprimés sur PEAU VÉLIN.

---

220. Le Moyen age et la Renaissance. Histoire et description des mœurs et usages, du commerce et de l'industrie, des sciences, des arts, des littératures et des beaux-arts en Europe. Direction littéraire de M. Paul Lacroix; direction artistique de M. Ferdinand Seré. Dessins, fac-simile par M. Rivaud. *Paris,* 1848, 5 vol. in-4, jésus vélin, broché.

Exemplaire de souscription et de la première édition, bien complet, avec la partie intitulée : *De la Prostitution en Europe depuis l'antiquité jusqu'à la fin du seizième siècle, par M. Rabutaux, avec une Bibliographie par M. Paul Lacroix.*

221. Recherches historiques et littéraires sur les danses des morts et sur l'origine des cartes à jouer. Ouvrage orné de cinq lithographies et de vignettes

par Gabriel Peignot. *Dijon, Victor Lagier,* 1826, in-8, figures, pap. vél. broché.

222. Essai historique, philosophique et pittoresque sur les danses des morts, par E.-H. Langlois, du Pont-de-l'Arche, accompagné de cinquante-quatre planches et de nombreuses vignettes, dessinées et gravées par E.-H. Langlois et Mlle Esp. Langlois. Ouvrage complété et publié par M. André Pottier, conservateur de la bibliothèque de Rouen. *Rouen, A. Lebrument,* 1825, 2 vol. gr. in-8, fig., br.

223. La grande danse macabre. Fac-simile de l'édition latine de 1490, exécuté par Adam Pilinski. *Paris, Tross,* 1868, gr. in-4, maroq. la Vall., fil. tr. dor. (*Hardy-Mennil.*)

Exemplaire sur peau vélin.

224. LES IMAGES DE LA MORT, auxquelles sont adioustées douze figures. Davantage, la médecine de l'âme, la consolation des malades. Un sermon de mortalité, par sainct Cyprian; un sermon de patience, par sainct Iehan-Chrysostome. *A Lyon, à l'Escu de Cologne, chez Iehan Frellon,* 1547, pet. in-8, mar. tr. dorée. (*Bauzonnet-Trautz.*)

Précieux exemplaire, non rogné. Il contient 57 planches.

225. The Dance of Death, from the original designs of Hans Holbein. Illustrated with thirty-three plates engraved by W. Hollar. With descriptions in english and french. *London, J. Coxehad,* 1816, in-8, mar. rouge, dent. tr. dorée.

Figures en couleurs.

226. Hans Holbein Todtentanz. *Munich,* 1832, in-8, cartonné.

Un des rares exemplaires tirés sur papier chamois, et qui renferment les premières épreuves des jolies figures gravées sur pierre par Schlotthauer.

227. The Dance of death exhibited in elegant engravings on wood with a dissertation on the several representations of that subject but more particulary on those ascribed to Macaber and

Hans Holbein, by Francis Douce, Esq. F. A. S. *London, William Pickering*, 1833, in-8, pap. vélin, cartonné, 49 planches et frontispice.

228. La Danse des morts, dessinée par Hans Holbein, gravée sur pierre par Joseph Schlotthauer, expliquée par Hippolyte Fortoul. *Paris, Jules Labitte, s. d.*, in-16, pap. vélin, fig. sur pap. de Chine, br.

229. L'Alfabeto della morte di Hans Holbein, attorniato di fregii incisi in legno, ed accompagnato di sentenze latine e di quartine del XVI° secolo, scelte da Anatole de Montaiglon. *Parigi, presso Edwin Tross*, 1856, in-8, cartonné.

Exemplaire imprimé sur PEAU VÉLIN.

230. La Danse des Noces de Hans Scheufelein, reproduite par Johannes Schratt et publiée par Edwin Tross, avec une notice biographique sur Hans Scheufelein, par M. le docteur A. Andresen. *Paris, librairie Tross*, 1865, pet. in-fol., figures sur bois, mar. br. compart. dorés, tête dorée. (*Chambolle-Duru.*)

Un des quatre exemplaires imprimés sur PEAU VÉLIN.

231. Les Arts somptuaires, histoire du costume et de l'ameublement et des arts et industries qui s'y rattachent, sous la direction de Hangard-Maugé, dessins de Cl. Ciappori. Introduction générale et texte explicatif par Ch. Louandre. *Paris, Hangard-Maugé*, 1857-1858, 4 vol. in-4, dont deux de texte et deux de planches, brochés.

232. Costumes anciens et modernes. — (Habiti antichi et moderni di tutto il mondo di Cesare Vecellio), précédés d'un essai sur les gravures sur bois, par M. Ambr.-Firmin Didot. *Paris, typographie de Firmin Didot frères*, 1859-1863, 3 vol. in-8 reliés en vélin blanc, non rognés.

Un des trois exemplaires imprimés sur PEAU VÉLIN.

233. COSTUMES HISTORIQUES des XIIIe, XIVe et XVe siècles, extraits des monuments les plus authentiques de peinture et de sculpture, dessinés et gravés par P. Mercuri, avec un texte historique et descriptif par Camille Bonnard. *Paris, Goupil et Vibert*, 1845, 2 vol. gr. in-4, pap. vélin, demi-rel. cuir de Russie, non rogn. tr. sup. dorée.

Bel exemplaire enrichi de deux suites de figures noires, sur papier de Chine, coloriées avec le plus grand soin et rehaussées d'or et d'argent.

234. COSTUMES HISTORIQUES des XVIe, XVIIe et XVIIIe siècles, dessinés par E. Lechevallier-Chevignard, gravés par MM. Léopold Flameng, Lallemand, etc. Avec un texte historique et descriptif par M. Georges Duplessis. *Paris, A. Lévy*, 1867, 57 livr. in-4.

Un des cinquante exemplaires sur grand papier vergé vélin. Les figures sont coloriées.

235. DIVERSE IMPRESE accommodate a diuerse moralità, con versi che i loro significati dichiarano. Tratte da gli Emblemi dell' Alciato. *In Lione, da Gulielmo Rovillio*, 1549, in-8, mar. rouge, fil. tr. dorée. (*Thompson.*)

236. DEVISES HÉROÏQUES, par M. Claude Paradin, chanoine de Beaujeu. *A Lion, par Ian de Tovrnes et Gvil. Gazeau*, 1557, in-8, mar. bleu, lar. dent. tr. dorée. (*Bauzonnet Trautz.*)

237. ΜΙΚΡΟΚΟΣΜΟΣ. Parvus Mundus. *S. l.* (1579), 1 vol. pet. in-4, broch. rogn.

Recueil de 74 figures très-bien gravées, avec l'explication en vers latins.

238. ICONOLOGIE par figures, ou Traité complet des allégories, emblèmes, etc. Ouvrage utile aux artistes, aux amateurs, et pouvant servir à l'éducation des jeunes personnes, par MM. Gravelot et Cochin. *Paris, Le Pan, s. d.*, 4 vol. in-12 tirés in-8, brochés en carton, non rogn.

Exemplaire en grand papier.

239. ŒUVRE DE SALOMON GESSNER. *S. l. n. d.*, 2 vol. in-fol., mar. rouge dent. tr. dorée. (*Bozérian.*)

Très-bel exemplaire d'un recueil dont il n'existe, dit-on, que 25 exemplaires.

239 *bis*. Fleurons (37) d'après Le Barbier, pour les OEuvres de Gessner; édition de Barrois, en 3 vol. in-folio.

Épreuves sur papier de Chine.

240. The Works of William Hogarth, in a series of one hundred and fifty steel engravings, by the first artists : with descriptions and a comment on their moral tendency, in tow volumes, by the rev. John Trusler. To which are added anecdotes of the author and his works, by J. Hogarth and J. Nichols. *London, Brain, s. d.*, 2 vol. in-4, pap. vélin, cart. tr. dor.

241. The Works of James Gilray, from the original plates, with the addition of many subjects not before collected. *London, printed for Henry, G. Bohn, s. d.*, 2 vol. tr. gr. in-fol., pap. vélin, dos et coins mar. rouge, tr. dorée. (*Reliure anglaise.*) — Historical and descriptive account on the caricatures of James Gilray, comprising a political and humorous history of the latter part of the reign of George the third, by Thomas Wright and R. H. Evans. *London, Henry G. Bohn*, 1851, 1 vol. in-8, pap. vélin, dos et coins mar. rouge, tr. dorée. (*Reliure anglaise.*)

Le premier volume de cet important ouvrage renferme les 582 planches dont Wright et Evans ont donné la description. Le second contient 45 pl. supprimées et dont quelques-unes sont fort lestes, entre autres celle qui rappelle la figure dite des Petits Pieds, qu'on trouve dans les Amours de Daphnis et Chloé.

Gilray était, on le sait, le plus habile caricaturiste de l'Angleterre. Composés de 1789 à 1815, les sujets qu'il a traités sont aussi curieux que possible, et l'on comprend sans peine que la France n'a point été épargnée par son crayon satirique.

Cette œuvre est rare en France et fort recherchée.

242. Ouvrages composés et gravés par Swebach dit Fontaine. *Paris, l'Auteur, s. d.*, 5 vol. in-4, br.

Exemplaire en papier vélin. Ce recueil, composé de 384 planches, a été publié en 4 parties qui se vendaient séparément; savoir :

Encyclopédie pittoresque; caprices, études gravées au trait. 180 planches.
Études de chevaux. 120 planches.
Sujets divers gravés à la manière du crayon. 24 planches.
Essai de gravure. 60 planches.

243. Scènes de la vie privée et publique des animaux, vignettes par Grandville. Études de mœurs contemporaines, publiées sous la direction de P.-J. Stalh, avec la colloboration de MM. de Balzac, L. Baude, E. de la Bédollière, P. Bernard, J. Janin, Ed. Lemoine, Charles Nodier, George Sand. *Paris, Hetzel et Paulin,* 1842, 2 vol. gr. in-8, jésus vélin, cart. non rognés.

V. PORTRAITS.

244. Les Portraits d'auteurs dans les livres du xve siècle, par Jules Renouvier, avec un avant-propos par Georges Duplessis. *Paris, Aug. Aubry* (*de l'impr. de L. Perrin*), 1863, in-8, mar. rouge, fil. tr. dor. (*Chambolle-Duru.*)

Un des quatre exemplaires imprimés sur PEAU VÉLIN.

245. Montaigne. Portrait d'après Demoustier, gravé par Ficquet, in-8.

Belle épreuve à toute marge.

246. Portrait du Tasse, gravé par Mercuri (Paul).

Belle épreuve sur chine.

247. Descartes. Portrait d'après Hals, gravé par Grateloup, pet. in-8.

Épreuve sur papier de Chine.

248. Portrait de Mme Deshoulières (gravé par Ceroni).

Sur papier de Chine.

249. La Troupe de Molière. Suite de trente-trois vignettes, par Hillemacher, SUR PEAU DE VÉLIN.

250. Bossuet en pied, gravé par J.-B. Grateloup, d'après Rigaud, pet. in-8.

Précieuse épreuve sur papier de soie d'un portrait de la plus grande rareté. Il est à toutes marges et d'une conservation irréprochable.

251. Bossuet. Portrait gravé par Savart (1773), d'après Rigaud.

Épreuve avec la lettre grise et avant beaucoup de travaux.

252. Fénelon. Portrait gravé par Grateloup, d'après Vivien. Petit in-8.

253. Françoise d'Aubigné, marquise de Maintenon. Portrait gravé par Ficquet, d'après Mignard.

A toutes marges. Très-belle épreuve sur papier double.

254. Bayle. Portrait gravé par Savart. In-8.

Deuxième état.

255. De la Mothe le Vayer. Portrait gravé par Ficquet. In-8.

Belle épreuve.

256. Rousseau (J.-B.). Portrait d'après Aved, gravé par Grateloup. Petit in-8.

257. Mademoiselle Lecouvreur. Portrait gravé par Grateloup. Petit in-8.

Épreuve sur chine, avant toute lettre.

258. Buffon. Portrait gravé par Savart.

Épreuve avant toute lettre.

259. Montesquieu. Portrait gravé par J.-B. Grateloup, d'après Dassier.

260. Dryden. Portait gravé par Grateloup. Petit in-8.

Épreuve sur chine.

261. Louis XVI, par Legoux, d'après Boze.

Épreuve sur satin blanc. Charmante pièce.

262. Révolution. Suite de treize portraits, par Flameng, impr. par Delâtre sur peau de vélin.

263. Révolution. Suite de quatorze portraits, par Flameng, impr. par Delâtre, sur papier de Chine.

264. Portraits des personnages célèbres de la Révolution, par François Bonneville, avec tableau historique et notices de P. Quenard, l'un des représentants de la Commune de Paris, en 1789 et 1790. *Paris, l'auteur,* 1796, 4 vol. in-8, demi-reliure.

Orné de 204 portraits.

VI. SUITES DE VIGNETTES POUR L'ORNEMENTATION DES LIVRES.

265. Suite complète de douze vignettes, par Tony Johannot et autres, pour le Nouveau Testament.

Épreuves avant la lettre et avant la bordure, sur papier de Chine. Exemplaire de la Bédoyère.

266. Suite complète de vingt-cinq vignettes de Marillier, pour l'Iliade d'Homère, avant la lettre.

Plus, quelques eaux-fortes. Exemplaire de la Bédoyère.

267. Dix-huit vignettes, d'après Moreau et Desenne, pour les Fabliaux de Legrand d'Aussi.

Épreuves avant la lettre, sur papier de Chine, et les eaux-fortes. Cette suite rare provient de Pixerécourt. — Ensemble 36 pièces.

268. Vingt-quatre Vignettes de Moreau le jeune, et deux portraits par Saint-Aubin, pour les œuvres de Corneille.

Épreuves avant la lettre, sur papier de Chine, tirées grand in-4.

269. Vingt-quatre vignettes, d'après Moreau et Prudhon, et deux portraits pour les œuvres de P. et Th. Corneille.

Épreuves sur papier de Chine, avant la lettre, montées in-4.

270. Douze Vignettes, par Moreau le jeune, et un portrait par Saint-Aubin, pour les œuvres de Jean Racine.

Épreuves avant la lettre, sur papier de Chine, tirées grand in-4.

271. Cinquante-sept Estampes, grand in-fol., par Gérard, Girodet, Peyron, Moette, etc., pour les œuvres de Racine.

Ce sont les planches de l'édition en 3 volumes, dite du Louvre.

272. Molière. Suite de trente-trois vignettes pour les œuvres de Molière, d'après Moreau le jeune, et le portrait d'après Mignard. In-fol.

Épreuves avant la lettre, sur papier de Chine. Suite des vignettes pour l'édition de Bret, publiées par Le Clere.

273. Trente Vignettes, par Moreau le jeune, et le portrait par Saint-Aubin, pour les œuvres de Molière.

Épreuves avant la lettre, sur papier de Chine, tirées grand in-4. Deuxième tirage.

274. Dix-neuf Vignettes, par Desenne, et le portrait de Molière pour ses œuvres.

Épreuves avant la lettre, sur papier de Chine et avant les retouches, tirées in-folio.

275. Seize Vignettes, d'après Horace Vernet, et le portrait d'après Fragonard, pour les œuvres de Molière.

Épreuves avant la lettre.

276. Suite complète des dix-neuf vignettes, gravées par Lignon, Muller, etc., d'après Horace Vernet, et le portrait par Fragonard, pour les œuvres de Molière.

Épreuves avant la lettre, sur papier de Chine, tirées in-4. Il n'en existe, dit-on, que 10 exemplaires.

277. Treize Vignettes et un portrait, d'après Desenne, pour les œuvres de Regnard.

Épreuves avant la lettre et eaux-fortes sur papier de Chine.

278. Les Vignettes insérées dans les œuvres de Boileau, telles qu'elles se trouvent dans la nouvelle édition in-fol. avec l'explication des sujets inventez et gravez par Bernard Picart en 1718. *Amsterdam, à l'Etoile,* pet. in-8, obl. br. non rogné.

279. Neuf Estampes gravées par Girardet, d'après Fortin, pour les œuvres de Boileau. Pet. in-fol. en travers.

Très-rare. Épreuves avant la lettre.

280. Six Vignettes, d'après Moreau, et le portrait par Saint-Aubin, pour les œuvres de Boileau.

Épreuves avant la lettre, sur papier de Chine, montées in-4.

281. Six Vignettes, par Moreau le jeune, et un portrait par Saint-Aubin, pour les œuvres de Boileau.

Épreuves avant la lettre.

282. Six Vignettes, d'après Desenne, et le portrait par Devéria, pour les œuvres de Boileau.

Épreuves avant la lettre, sur papier de Chine.

283. Collection de douze vignettes et un portrait pour les œuvres de la Fontaine, dessinés par Moreau jeune, gravés par Dequevauvillier, Devilliers, Leroux, etc. sur chine.

284. Douze Estampes, par Percier, et le portrait d'après Rigaud, pour les fables de la Fontaine. In-fol. en travers.

Epreuves sur chine, avant la lettre. Ce sont les vignettes tirées à part de la grande édition du Louvre.

285. Douze Vignettes, par Bergeret, pour les fables de la Fontaine.

Épreuves avant la lettre, tirées in-folio.

286. RECUEIL des fleurons et culs-de-lampe, gravés d'après Choffard, pour les contes de la Fontaine, édition des fermiers généraux.

Épreuves sur papier de Chine volant, grand in-8. Très-rares tirées ainsi à part du texte.
62 pièces.

287. Suites de soixante-neuf vignettes, pour les contes de la Fontaine, et de quarante-six figures pour les contes de Voltaire et autres.

Tirage à part, sur papier de Chine, des figures de Duplessis-Bertault pour l'édition Cazin; reimprimées par Le Clerc.

288. Figures de Moreau jeune, pour la Psyché de la Fontaine. In-18.

Sur papier rose et avant la lettre. 5 pièces.

289. Vingt-quatre Vignettes, par Marillier, et le portrait de Fénelon, par Vivien, pour les Aventures de Télémaque.

Épreuves avant la lettre, tirées grand in-4, non rognées.

290. Vingt-cinq Vignettes, par Moreau le jeune, et le portrait de Fénelon, par Saint-Aubin, pour les Aventures de Télémaque.

Épreuves avant la lettre, tirées grand in-4.

291. Suite complète de vingt-quatre vignettes anglaises, d'après Smirke, pour Gil Blas, sur pap. de Chine, gr. in-4, avec la lettre grise.

Très-rare. On assure qu'il n'existe point d'épreuves de cette suite avant la ettre.

292. Quatorze Vignettes et un portrait, d'après Moreau, Chaudet, Perron, Girodet, pour les œuvres de Montesquieu.

Épreuves avant la lettre.

293. Suite de douze figures avant la lettre et portrait, gravés par Saint-Aubin, Le Barbier, etc., pour le Temple de Gnide. In-8.

294. Soixante-dix Vignettes et dix portraits, d'après Desenne, pour les œuvres de Voltaire.

Épreuves sur papier de Chine.

295. Dix vignettes par Moreau le jeune, et le portrait de Henri IV par Pourbus, pour la Henriade de Voltaire. In-4.

296. Collection de vignettes pour la Pucelle d'Orléans, de Voltaire; édit. Le Clere. In-8.

Exemplaire sur papier de Chine, tiré au bistre.

297. Quatre Vignettes et un portrait, d'après Desenne, pour les œuvres de Gilbert.

Épreuves avant la lettre et eaux-fortes sur papier de Chine.

298. Un Portrait et quatre vignettes, d'après Desenne, pour les œuvres de Gilbert.

Épreuves d'artiste, avant la lettre, sur papier de Chine, tirées in-4.

299. Six Vignettes et un portrait, d'après Devéria, pour les œuvres de Crébillon.

Épreuves avant la lettre, sur papier de Chine, et eaux-fortes.

300. Suites de vignettes pour les œuvres de Beaumarchais, dessinées par T. Johannot, et gravées par Blanchard Lecomte, etc.

Avant la lettre. Blanc et chine, et les eaux-fortes.

301. Illustrations de Paul et Virginie. — La Chaumière indienne de Bernardin de Saint-Pierre, d'après Corboult, et gravées par Wedgwood, sur papier de Chine, avant la lettre et les eaux-fortes; — environ cinquante pièces. In-fol. et in-8.

Plus le portrait pour la *Chaumière indienne*, d'après Meissonnier, par Pigeot. In-folio.

302. Dix-huit Vignettes et un portrait, d'après Moreau, Prudhon, Girodet, Desenne, Westall, etc., pour les œuvres de Jacques Delille.

Épreuves avant la lettre sur papier de Chine.

303. Quatre Vignettes, d'après Desenne et Dévéria, et le portrait, par Chasselat, pour les poésies de Legouvé.

Épreuves avant la lettre, sur papier de Chine, tirées in-folio.

304. Collection complète des cent trente et une vignettes, d'après Grandville, pour les Animaux peints par eux-mêmes.

Épreuves d'artistes, sur papier de Chine, dont il n'existe que six exemplaires.

305. Cinq Vignettes, par Tony Johannot, pour les confidences de Lamartine.

Épreuves sur papier de Chine, avant la lettre.

306. Soixante Vignettes et portraits, d'après Raffet, pour l'Histoire du consulat et de l'empire.

Épreuves d'artistes, tirées in-4.

---

307. Dix Estampes et un portrait, par Gérard, pour les Lusiades de Camoëns. In-folio.

Épreuves avant toutes lettres, sur papier de Chine, avec les eaux-fortes. Cette suite magnifique, destinée à orner l'édition des Lusiades publiée par Didot, aux frais du marquis de Souza, n'a jamais été mise dans le commerce, non plus que le livre dont elle fait l'ornement.

308. Vingt vignettes, d'après Le Barbier, et le portrait, d'après M. Chasselat, pour la Jérusalem délivrée.

Épreuves avant la lettre et avant les retouches, avec les eaux-fortes. Ensemble 40 pièces tirées in-4.

309. Dix-neuf Vignettes, gravées par Delvaux, d'après Stothart, et un portrait pour les Aventures de Robinson Crusoé.

Épreuves avant la lettre.

310. Sept Vignettes, par Westall, pour Lalla Rookh de Th. Moore.

Épreuves avant la lettre, sur papier de Chine, tirées in-folio.

311. Suite de dix eaux-fortes, pour Werther, par T. Johannot.

Épreuves sur chine.

VII. SCULPTURE. — ARCHITECTURE.

312. Esthétique générale et appliquée, contenant les règles de la composition dans les arts plastiques, par David Sutter. *Paris, Impr. impériale,* 1865, in-fol. demi-rel. dos et coins, mar. r. portrait, 85 planches.

313. Musée des Monuments français, ou Description historique et chronologique des statues en marbre et en bronze, bas-reliefs et tombeaux des hommes et des femmes célèbres, pour servir à l'histoire de France et à celle de l'art; ornée de gravures et augmentée d'une dissertation sur les costumes de chaque siècle, par Alexandre Lenoir. *Paris, de l'impr. de Guilleminet,* 1800-1821, 8 vol. in-8, cart. n. rog. fig.

Un des vingt-cinq exemplaires en papier vélin.

314. Les Grands Architectes français de la Renaissance : P. Lescot, Ph. de l'Orme, J. Govjon, J. Bvllant, les Du Cerceav, les Metezeau, les Chambiges, d'après de nombreux docvments

inédits des bibliothèqves et des archives, par Adolphe Berty. *Paris, Aug. Avbry*, 1860, petit in-8, br.

Un des douze exemplaires sur papier chamois.

BELLES-LETTRES.

I. LINGUISTIQUE. — RHÉTEURS, ORATEURS.

315. Histoire naturelle de la parole, ou précis de l'origine du langage et de la grammaire universelle, extrait du Monde primitif, par Court de Gébelin. *Paris, Boudet*, 1776, in-8, mar. r. tr. dor. fig. en couleurs.

Aux armes de la comtesse d'Artois.

316. Glossarium universale hebraicum quo ad hebraicæ linguæ fontes linguæ et dialecti pene omnes revocantur. Auctore Ludovico Thomassino Oratorii D. J. Presbytero. *Parisiis, e typographia regia*, 1697, in-fol. portr. mar. r. fil. tr. dor. (*Anc. rel.*)

Aux armes de France.
Exemplaire en grand papier, provenant de la bibliothèque de Soubise.

317. Raynouard. Lexique roman, ou Dictionnaire de la langue des troubadours. *Paris, Silvestre*, 1844, 6 vol. in-8, br.

318. Essai analytique sur l'origine de la langue française, et sur un Recueil de monuments authentiques de cette langue, classés chronologiquement depuis le IXe siècle jusqu'au XVIIe siècle, avec des notes historiques, philologiques et bibliographiques, par Gabriel Peignot. *Dijon, veuve Lagier*, 1835, in-8, br.

319. Essai sur l'origine et la formation des dialectes vulgaires du Dauphiné, par M. Ollivier Jules; suivi d'une bibliographie raisonnée des patois de la même province, par M. Paul Colomb de Batines. *Valence, Borel*, 1838, in-8, tiré in-4, pap. vél. cart.

Cet Essai n'a été tiré qu'à vingt-quatre exemplaires numérotés. Celui-ci porte le numéro 1er.

320. Principes de la littérature, par M. l'abbé Batteux. *Paris, Saillant et Nyon*, 1774, 5 vol. in-8. — Histoire des causes premières, ou Exposition sommaire des pensées des philosophes sur les principes des êtres, par le même. *Paris, Saillant*, 1769, 1 vol. in-8. — Ocellus Lucanus, de la nature de l'univers, avec la traduction françoise et des remarques, par le même. *Paris, Saillant*, 1768, in-8. — Timée de Locres, de l'âme du monde, avec la traduction françoise et des remarques, par le même. *Paris, Saillant*, 1768, in-8. — Lettre d'Aristote à Alexandre sur le système du monde, avec la traduction françoise et des remarques, par le même. *Paris, Saillant*, 1768, in-8, — 9 tom. en 7 vol. in-8, pap. fin, mar. r. dent. tr. dor. (*Bozérian.*)

Exemplaire du comte de la Bédoyère. (Vente de 1837.)

321. Le Livre des orateurs, par Timon. *Paris, Plon*, 1840, gr. in-8, jésus vél. portr. dos et coins mar. vert, n. rog.

322. Marci Tullii Ciceronis et Porcii Latronis in Catilinam orationes. *Parisiis, Ant. Aug. Renouard*, 1796, in-18, port. mar. r. fil. tabis, n. rogné.

Exemplaire imprimé sur PEAU VÉLIN.

II. POÉSIE.

1. *Poésie grecque.*

323. Florilegium diversorum epigrammatum in septem libros distinctum, diligenti castigatione emendatum. Cui nonnulla nuper inventa epigrammata in fine adiecta sunt, una cum indice tam rerum quam auctorum copiosissimo. *Venetiis, apud Aldi filios,* 1550-51, in-8, mar. r. rich. compart. tr. dor. (*Hardy.*)

Superbe exemplaire, très-grand de marges et d'une parfaite conservation. C'est celui de l'abbé Béarzi, mentionné au *Manuel du libraire.*

324. Analecta veterum poetarum græcorum, editore Rich. Fr. Phil. Brunck, græce. *Argentorati,* 1776, 3 tomes en 6 vol. in-4, mar. bleu, fil. tr. dor. (*Anc. rel.*)

Exemplaire imprimé sur PEAU VÉLIN et choisi sur les trois qui ont été tirés de la sorte, et dont les deux autres sont à la Bibliothèque nationale à Paris et dans celle de Turin.

Ce livre important a appartenu à Brunck, à Renouard et à Solar. Au tome sixième est un portrait du fils de Brunck supérieurement dessiné à la plume par Guérin de Strasbourg.

325. Poetarum græcorum Sylloge. *Parisiis, Lefèvre,* 1823, 3 vol. in-18, mar. r. fil. tr. dor. (*Purgold*).

Exemplaire imprimé sur PEAU VÉLIN. Ces trois volumes sont *Anacréon*, *Théocrite, Poetæ græci gnomici.*

326. Anacréon Teius, poëta lyricus, summa cura et diligentia, ad fidem etiam vet. ms. Vatican. emendatus, opera et studio Josuæ Barnes. *Cantabrigiæ,* 1705, in-8, v. f. fil. tr. dor. (*Derome.*)

Exemplaire bien complet, avec les portraits de Barnès, du duc de Marlborough et d'Anacréon.

327. Odes d'Anacréon, traduites en vers sur le texte de Brunck, par J.-B. de Saint-Victor. *Paris, H. Nicolle,* 1810, in-8, pap. vél. fig. mar. bleu, dent. tabis, tr. dor.

328. Odes d'Anacréon. Édition polyglotte, publiée sous la direction de J.-B. Monfalcon. *Paris,*

Crozet, Didot, Cormon et Blanc, 1835, tr.-grand in-8, mar. bleu à compart. doublé de moire, n. rog. dans un étui. (*Simier.*)

Un des deux exemplaires imprimés sur PEAU VÉLIN.
Il a appartenu à M. Monfalcon qui y a joint les figures suivantes :
52 vignettes d'après Girodet.
4 vignettes gravées par Girardet, d'après Girodet et Bouillon, épreuves avant la lettre.
Une rose peinte pour cet Anacréon par Thierriat, professeur au palais des Arts.
Une vignette anglaise représentant Sapho, et une autre sur le même sujet, épreuves avant la lettre.
Le fac-simile d'un manuscrit d'Anacréon.
Ce beau livre est décrit dans le Bulletin du bibliophile, dans le Catalogue du palais des Arts et dans le Nouveau Spon.

329. Imitation en vers français des Odes d'Anacréon, par Mérard Saint-Just. *Paris, l'auteur (de l'impr. de Moller), an VI*, in-8, dos et coins mar. brun, n. rog. tr. sup. dor. (*Capé.*)

Un des 16 exemplaires sur papier vélin de ce livre tiré à 36 exemplaires seulement. Il est orné du dessin original du frontispice par Huvé, et d'une épreuve de la gravure par Campanella.

330. Homère. Iliade, Odyssée, traduction nouvelle, accompagnée de notes, d'explications et de commentaires, et précédée d'une introduction, par Eugène Bareste, illustrée par MM. A. Titeux et de Lemud. *Paris, Lavigne*, 1843, 2 vol. gr. in-8, Jésus, vél. br.

331. L'Iliade d'Homère en vers, par M. le baron de Beaumanoir. *Paris, veuve Duchesne*, 1781, 2 vol. in-8, frontisp. gravé, mar. r. fil. tr. dor. (*Anc. reliure.*)

332. SELECT FABLES of Esop and other fabulists, in three books. *Birmingham, Baskerville*, 1764, in-8, pap. fin, fig. mar. vert, dent. tr. dorée. (*Derome.*)

La reliure est signée.

333. CALLIMACHI Cyrenei Hymni cum scholiis. *Parisiis, apud Vascosanum*, 1549, in-4, mar. r. dent. tr. dor. (*Lardière.*)

2. *Poëtes latins anciens et modernes.*

334. QUINTI HORATII Flacci Poemata, scholiis sive annotationibus instar commentarii illustrata a Joanne Bond; editio nova. *Aurelianis, Couret de Villeneuve,* 1767, in-12, mar. r. fil. tr. dorée.

On a joint à cet exemplaire les 100 planches des *Emblemata Horatiana* d'Oth. Vænius, belles épreuves.

335. Q. Horatii Flacci Opera. *Parmæ, in ædibus Palatinis* (1793), *typis Bodonianis.* Grand in-4, pap. vél. cart.

336. QUINTI HORATII FLACCI Opera, cum novo commentario ad modum Joannis Bond. *Parisiis, ex typographia Firminorum Didot,* 1855, gr. in-18, front. gr. relié en vélin.

Superbe exemplaire, imprimé sur PEAU VÉLIN, de cette jolie édition. Les charmantes vignettes qui se trouvent en tête de chaque livre sont gravées et accompagnées d'épreuves photographiées des mêmes sujets, en grande dimension. Il n'en a été tiré ainsi que quelques épreuves, ainsi que le prouve une lettre de M. Didot jointe au volume.

Quant au tirage sur peau vélin, il n'en a été fait que quatre exemplaires destinés à des présents par le célèbre imprimeur.

337. Essai de traduction de quelques odes et de l'Art poétique d'Horace, par M. l'abbé Lefebvre de la Roche. *Paris, de l'impr. de Didot l'aîné,* 1788, in-8, pap. vél. cart.

Il n'a été tiré que 30 exemplaires de ce livre, et celui-ci est un des 10 qui portent le nom du traducteur.

On y a joint plusieurs portraits d'Horace, de Virgile, de Boileau, etc., la plupart sur papier de Chine.

338. Œuvres complètes d'Horace, traduites en français et en prose, en vers espagnols, en vers italiens, en vers anglais et en vers allemands (texte latin en regard); précédées de l'histoire de la vie et des ouvrages d'Horace, de notices bibliographiques, préfaces, etc., et suivies de traductions en vers français et d'imitations, par divers poëtes français et étrangers; édition polyglotte, publiée sous la direction de J.-B. Monfalcon. *Paris et Lyon, Cor-*

mon et Blanc, 1834, gr. in-8, pap. vél. collé, mar. r. tr. dor.

339. P. Virgilii Maronis Opera, cum integris et emendatioribus commentariis Servii, Philargyrii, Pierii. Accedunt Fulvii Ursini, Georgii Fabricii, Tanaquilli Fabri et aliorum, ac præcipue Nicolai Heinsii notæ nunc primum editæ : quibus et suas animadversiones addidit Petrus Burmannus. *Amstelædami, sumptibus Jacobi Wetstenii*, 1746, 4 vol. in-4, fig. mar. vert., fil. tr. dor. (*Petit.*)

Grand papier. Exemplaire unique, orné des QUINZE DESSINS ORIGINAUX des figures de l'édition, de quatre dessins du Virgile de Maasvicius, de plusieurs portraits de Virgile et d'autres estampes.

340. Publii Virgilii Maronis Bucolica, Georgica et Æneis. Editio omni prorsus typographico mendo, typographi saltem judicio, expurgata. *Parisiis, cum novis, et ad hanc unam celeberrimorum poëtarum collectionem incisis, fratris mei Firmini Didot typis, nostroque communi delineatis studio, dabam Petrus Didot, natu major, anno* 1791, in-fol. cart.

Un des cinq exemplaires imprimés sur PEAU VÉLIN. Figures de Gérard et de Girodet, avant la lettre, ajoutées.

341. Virgilii Maronis Opera. Emendabat et notulis illustrabat Gilbertus Wakefield. *Londini, impensis Kearsley* (*typis Bensley*), 1796, 2 vol. in-8, demi-rel. mar. r. n. rog. (*Purgold.*)

Exemplaire en grand papier, très-rare, provenant de la bibliothèque de Renouard. Il est enrichi de belles gravures réduites en Angleterre sur celles de Didot, des figures de Moreau et d'autres estampes avant la lettre, avec les eaux-fortes, etc. ; en tout 72 pièces. On y trouve en outre un dessin original de Saint-Aubin, du portrait de Virgile.

342. Publii Virgilii Maronis Bucolica, Georgica et Æneis. *Cameraci, A.-F. Hurez*, 1822, 2 vol. gr. in-12, vél. blanc, n. rog. (*Lortic.*)

Exemplaire imprimé sur PEAU VÉLIN.

343. Publii Virgilii Maronis Carmina omnia perpetuo commentario ad modum Joannis Bond explicuit Fr. Dübner. *Parisiis, ex typographia Firmi-*

norum Didot, 1858, gr. in-18, titre et fig. rel. en vélin.

Superbe exemplaire imprimé sur PEAU VÉLIN. Chaque page est encadrée d'un filet rouge.

344. OEuvres de Virgile, traduites en vers français, par Tissot (Bucoliques) et Delille (Géorgiques et Enéide); en vers espagnols, par Guzman, Velasco et Luis de Léon; en vers italiens par Arici et Annibal Caro; en vers anglais, par Warton et Dryden; en vers allemands, par Woss (texte en regard d'après Heyne), et précédées de la vie de Virgile, de notices bibliographiques, etc. Edition polyglotte, publiée sous la direction de J.-B. Monfalcon. *Paris et Lyon, Cormon et Blanc*, 1838, gr. in-8, cart.

Exemplaire sur papier vélin jonquille, divisé en deux volumes.

345. L'Énéide, traduite en vers français par Barthélemy. *Paris, Perrotin*, 1835, 4 vol. in-8, v. f. fil. n. rog. tr. sup. dor. (*Niedrée*.)

On a ajouté à cet exemplaire un portrait de Virgile et la suite des douze vignettes de Zocchi.

346. LES GÉORGIQUES DE VIRGILE, traduites par Jacques Delille, avec les notes et les variantes. *Paris, Bleuet (de l'impr. de Didot l'aîné)*, 1807, gr. in-4, broché en carton, n. rog.

Un des deux exemplaires imprimés sur PEAU VÉLIN.

On y a joint le beau portrait de Delille par Vangelisty, un autographe du même et les figures de Gérard et Girodet avant la lettre.

347. Catulli, Tibulli et Propertii Opera. *Birminghamiæ, typis Johannis Baskerville*, 1772, gr. in-4, cart. n. rog.

348. CATULLUS, Tibullus, Propertius. *Cameraci, A. F. Hurez*, 1822, gr. in-12, vél. blanc, n. rog. (*Lortic*.)

Exemplaire imprimé sur PEAU VÉLIN.

349. TRADUCTION DES FASTES D'OVIDE, avec des notes et des recherches de critique, d'histoire et de philosophie, tant sur les différents objets du sys-

tème allégorique de la religion romaine, que sur les détails de son culte et les monuments qui y ont rapport, avec figures, par M. Bayeux. *Rouen, Boucher,* 1783, 4 vol. in-8, tirés in-4, mar. r. fil. tabis, tr. dor. (*Anc. rel.*)

Exemplaire unique, orné des 43 DESSINS ORIGINAUX des figures de l'édition, savoir : frontispice par C.-N. Cochin; 6 grandes estampes par Le Barbier, et 36 fleurons, vignettes et culs-de-lampe, par le même.

Cet ouvrage précieux provient de la bibliothèque du comte de la Bédoyère.

350. Les Épitres amoureuses d'Ovide, traduites en françois (par l'abbé Barin); nouvelle édition augmentée et embillie (sic) de figures. *Cologne, Pierre Marteau,* 1703, in-12, v. f. fil. tr. dor. (*Niedrée.*)

351. C. VALERII FLACCI Setini Balbi Argonauticon libri octo. *Parisiis, C.-L.-F. Panckoucke,* 1829, gr. in-8, cart. non rog. dans un étui.

Exemplaire imprimé sur PEAU VÉLIN.

352. Lucretius. *Aldus,* 1515, in-8, mar. vert, dent. tr. dor. (*Bauzonnet.*)

Exemplaire grand de marges.

353. Titi Lucretii Cari de rerum natura libri sex. *Birminghamiæ, typis Johannis Baskerville,* 1772, gr. in-4, cart. non rog.

354. TITI LUCRETII Cari de rerum natura libri sex. *Cameraci, sumptibus et typis A.-F. Hurez,* 1821, in-12, vél. blanc, non rog. (*Lortic.*)

Exemplaire imprimé sur PEAU VÉLIN.

355. JUVENALIS, Persii, Sulpiciæ Satiræ, et Lucilii fragmenta. *Cameraci, A.-F. Hurez,* 1822, gr. in-12, vélin blanc, non rog. (*Lortic.*)

Exemplaire imprimé sur PEAU VÉLIN.

356. DECII J. JUVENALIS satirarum libri quinque, (Sulpiciæ Satira, et Auli Persii Flacci Satiræ). *Parisiis, C.-L.-F. Panckoucke,* 1828, gr. in-8, cart. non rog. dans un étui.

Exemplaire imprimé sur PEAU VÉLIN.

357. M. Annæi Lucani Pharsalia, ex optimis exemplaribus emendata. *Parisiis, studio et impensis Ant.-Aug. Renouard, typis P. Didot natu majoris*, 1795, gr. in-fol. dos et coins mar. rouge, fil. non rogné.

Un des cinq exemplaires imprimés sur PEAU VÉLIN.

358. Phædri, Flavii Aviani et anonymi Fabulæ Æsopiæ. Accedunt P. Syri Mimi et aliorum sententiæ, Dyon. Catonis Disticha; omnia ad optimas editiones collata notisque brevioribus illustrata. *Bruxellis, edidit Ludovicus Tencé, typographus*, 1829, in-12, demi-rel. non rog.

Exemplaire imprimé sur PEAU VÉLIN.

359. Cent Fables choisies des anciens auteurs, mises en vers latins par Gabriel Faerne, et traduites par M. Perrault de l'Académie françoise, avec de nouvelles figures en taille-douce, nouvelle édition. *A Londres, chez Guill. Darres et Claude du Bosc*, 1743, in-4, mar. vert, fil. à la du Seuil, tr. dor. (*Petit.*)

360. Aurelii Prudentii Clementis v. c. Opera omnia. *Cameraci, sumptibus et typis A.-F. Hurez*, 1821, in-12, vél. non rog.

Exemplaire imprimé sur PEAU VÉLIN.

361. Caii Coelii, Belisarii, Liberii, Honorii, Aviti, Prosperi, Aratoris, Lactantii et Dracontii Opera. *Cameraci, sumptibus et typis A.-F. Hurez*, 1826, in-12, vél, non rog.

Exemplaire imprimé sur PEAU VÉLIN.

362. Q. S. Florentis Tertulliani, Cypriani, M. Victoris, Juvenci, Hilarii, Victorini, Typherni, Damasi, Zovenzonii, Ambrosii, Paulini, et Probæ Falconiæ Opera. *Cameraci, sumptibus et typis A.-F. Hurez*, 1825, in-12, vél. non rog. (*Lortic.*)

Exemplaire imprimé sur PEAU VÉLIN.

363. Venantii Honorii Fortunati, Pictaviensis episcopi, opera. *Cameraci, sumptibus et typis A.-F.*

Hurez, 1822, 1 vol. gr. in-12, relié en vél. non rog. (*Lortic.*)

Exemplaire imprimé sur PEAU VÉLIN.

364. La Philomèle, poëme latin attribué à Albus Ovidius Juventinus, publié avec de nouvelles leçons et des notes critiques, par Charles Nodier. *Paris, Delangle,* 1829, gr. in-8, dos et coins de veau fauve, non rog. (*Simier.*)

Exemplaire sur papier de Chine.

365. La Légende latine de S. Brandaines, avec une introduction inédite en prose et en poésie romanes, publiée par Achille Jubinal, d'après les manuscrits de la Bibliothèque du roi, remontant aux XIe, XIIe et XIIIe siècles. *Paris, Techener*, 1836, 1 vol. in-8, br.

Un des cinq exemplaires sur papier vélin rose.

366. La Légende latine de S. Brandaines, avec une traduction inédite en prose et en poésie romanes, publiée par A. Jubinal, d'après les manuscrits de la Bibliothèque du roi, remontant aux XIe, XIIe et XIIIe siècles. *Paris*, *Techener,* 1836, in-8, cart. non rogné.

Un des dix exemplaires sur papier de Hollande.

367. LA VIEILLE, ou les dernières amours d'Ovide, poëme français du XIVe siècle, trad. du latin de Richard de Fournival, par Jean Lefèvre, publié par H. Cocheris. *Paris, Aubry,* 1861, pet. in-8, mar. rouge, fil. (*Capé.*)

Exemplaire sur PEAU VÉLIN.

368. La Vieille, ou les dernières amours d'Ovide, poëme français du XIVe siècle, traduit du latin de Richard de Fournival, par Jean Lefèvre, publié pour la première fois, et précédé de recherches sur l'auteur du Vetula, par Hippolyte Cocheris. *Paris, Aug. Aubry,* 1861, pet. in-8, br.

Un des huit exemplaires sur papier vélin chamois.

369. Erasmi Silva Carminum, antehac nunquam impressorum. *Gouda,* 1513 (*Bruxellis,* 1864), in-4, cartonné.

Reproduction photo-lithographique. Exemplaire unique sur PEAU VÉLIN.

370. Album Hipponæ, sive hippodromi leges, auctore Jac. Savary Cadomensi. *Cadomi, apud Claudium Le Blanc,* 1662, in-4, mar. vert, dent. doublé de tabis, tr. dor. (*Derome.*)

Exemplaire de Ch. Nodier.

371. L'Anti-Lucrèce, poëme sur la religion naturelle, composé par M. le cardinal de Polignac, traduit par M. de Bougainville. *Paris, Guérin,* 1749, 2 vol. in-8, portr. mar. rouge, fil. tr. dor. (*Anc. rel.*)

372. Pugna porcorum per P. Porcium poetam. *Anno* 1647, pet. in-8, cart.

Réimpression. Exemplaire sur PEAU VÉLIN.

3. *Poëtes français.*

A. Poëtes français avant Malherbe.

373. FABLIAUX OU CONTES, FABLES ET ROMANS DU XIIe ET DU XIIIe SIÈCLE, traduits ou extraits par Legrand d'Aussy; troisième édition considérablement augmentée. *Paris, Jules Renouard,* 1829, 5 vol. gr. in-8, fig. cart. en toile, non rog. (*Bauzonnet.*)

EXEMPLAIRE UNIQUE sur papier de Chine, avec une triple suite des figures avec la lettre, avant la lettre et eaux-fortes, toutes sur papier de Chine. On y a joint plusieurs estampes et des figures publiées en Angleterre.

374. Lai d'Ignaurès en vers du XIIe siècle, par Renaut, suivi des lais de Melion et du Trot, en vers du XIIIe siècle, publiés pour la première fois d'après deux manuscrits uniques, par L.-J.-N. Monmerqué et Francisque Michel. *Paris, Silvestre,* 1832, gr. in-8, fac-simile col. br.

Un des neuf exemplaires sur papier de Chine.

375. Gautier d'Aupais, le Chevalier à la corbeille, fabliaux du XIIIe siècle, publiés pour la première fois d'après deux manuscrits, l'un de la Bibliothèque royale à Paris, l'autre du Musée britannique à Londres, par Francisque Michel. *Paris, Silvestre,* 1835, gr. in-8, demi-rel.

Exemplaire sur papier vélin vert, et l'un des deux sur papier de couleur. L'édition n'a été tirée qu'à cent exemplaires.

376. PARTONOPEUS DE BLOIS, publié pour la première fois d'après le manuscrit de la bibliothèque de l'Arsenal, avec trois fac-simile, par G.-A. Crapelet. *Paris, de l'imprimerie de Crapelet,* 1834, 2 vol. gr. in-8, cart.

Un des sept exemplaires sur grand papier de Hollande, avec les fac-simile sur PEAU VÉLIN.

377. La Chanson de Roland ou de Ronceveaux du XIIe siècle, publiée pour la première fois d'après le manuscrit de la bibliothèque Bodléienne à Oxford, par Francisque Michel. *Paris, Silvestre,* 1837, gr. in-8, fac-simile br.

Un des neuf exemplaires sur papier de Chine.

378. NOTICE sur la vie et les écrits de Robert Wace, poëte normand du XIIe siècle, par Fréd. Pluquet. *Rouen, Frère,* 1824, gr. in-8, demi-rel. mar.

Imprimé par Crapelet. Exemplaire sur PEAU VÉLIN.

379. Le Roman de Rou et des ducs de Normandie, par Robert Wace, publié pour la première fois d'après les manuscrits de France et d'Angleterre, par F. Pluquet. *Rouen, Edouard Frère,* 1827, 2 vol. in-8, cart.

Exemplaire sur papier de Hollande; figures sur chine et fig. coloriées.

380. La Riote du monde, le roi d'Angleterre et le jongleur d'Ely (XIIIe siècle), publié d'après deux manuscrits, l'un de la Bibliothèque royale, l'autre du Musée britannique. *Paris, Silvestre,* 1834, gr. in-8, demi-rel. mar.

Un des deux exemplaires sur papier de couleur.

381. L'Histoire du châtelain de Coucy et de la dame de Fayel, publiée d'après le manuscrit de la Bibliothèque du roi et mise en françois par G.-A. Crapelet. *Paris, de l'imprimerie de Crapelet,* 1829, gr. in-8, demi-rel. c. de R.

Un des douze exemplaires en grand papier jésus de Hollande, avec une double suite de figures, noires sur papier et coloriées sur PEAU VÉLIN. Exemplaire de la Bédoyère.

382. LE SERMON de Guichard de Beaulieu (XIIIe siècle), publié pour la première fois d'après le manuscrit unique de la Bibliothèque du roi. *Paris, Techener,* 1834, in-8, veau fauve, fil. non rogné. (*Simier.*)

Un des trois exemplaires imprimés sur PEAU VÉLIN.
Il a appartenu à S. A. R. le duc d'Orléans.

383. Les Sires de Gavres (fac-simile d'un curieux manuscrit du XVe siècle, publ. par Em. Gachet). *Se vend chez Vandale, à Bruxelles,* gr. in-4, pap. de Bristal, fig. col. demi-rel. p. de tr.

384. LI ROMANS DE BAUDUIN de Sebourc, IIIe roi de Jherusalem ; poëme du XIVe siècle, publié pour la première fois d'après les manuscrits de la Bibliothèque royale. *Valenciennes, de l'imprimerie de B. Henry,* 1841, 2 vol. gr. in-8, fac-simile. col.

Exemplaire unique sur papier de Bristol.

385. **Le Roman** de Robert le Diable en vers du XIIIe siècle, publié pour la première fois d'après les manuscrits de la Bibliothèque du roi, par G.-S. Trébutien. *Paris, Silvestre,* 1837, in-4, goth. à 2 col. fig. sur bois, mar. bleu, non rog. (*Niedrée.*)

Aux armes et aux chiffres du marquis de Coislin.
Un des quatre exemplaires imprimés sur PEAU VÉLIN. Il a fait partie de la bibliothèque de M. Desq.

386. Mélanges publiés par la Société des bibliophiles français. CREDO du sire de Joinville. *Paris, typographie de Firmin Didot,* 1837, 2 vol. pet. in-4, mar. rouge, tr. dor. (*Bauzonnet-Trautz.*)

Un des trente exemplaires tirés sur PEAU VÉLIN pour les membres de la Société des bibliophiles.

387. Les Poésies du roy de Navarre avec des notes et un glossaire françois, précédées de l'histoire des révolutions de la langue françoise depuis Charlemagne jusqu'à saint Louis; d'un discours sur l'ancienneté des chansons françoises et de quelques autres pièces (par Lévêque de Ravallière). *A Paris, chez Hippolyte-Louis Guérin et Jacques Guérin,* 1742, 2 vol. pet. in-8, mar. rouge, fil. tr. dor. (*Niedrée.*)

Relié sur brochure.

388. Discipline de Clergie, traduction de l'ouvrage de Pierre-Alphonse. — Le Chastoiement d'un père à son fils, traduction en vers français de l'ouvrage de Pierre-Alphonse. *Paris, de l'impr. de Firmin Didot,* 1824, 2 tom. en 1 vol. in-8, mar. vert, large dent. tr. dor. (*Lefebvre.*)

Un des vingt exemplaires en grand papier pour les membres de la Société des bibliophiles. Celui-ci est l'exemplaire de l'éditeur, l'abbé Labouderie.

389. Vers sur la mort, par Thibaud de Marly, imprimés sur un manuscrit de la Bibliothèque du roi. *A Paris, de l'imprimerie de Crapelet, s. d.,* gr. in-8, cart.

Un des douze exemplaires imprimés sur grand papier de Hollande.

390. Poésies de Marie de France, poëte anglo-normand du XIIIe siècle, ou recueil de lais, fables et autres productions de cette femme célèbre, publiées par B. de Roquefort. *Paris, Chasseriau,* 1820, 2 vol. in-8, dos et coins mar. bleu, non rog. tr. sup. dor. (*Capé.*)

Exemplaire en papier vélin, figures avant la lettre.

391. LE ROMAN DE LA ROSE, par Guillaume de Lorris et Jehan de Meung, nouvelle édition publiée par Méon. *Paris, Didot l'aîné,* 1813, 4 vol. gr. in-8, mar. rouge, fil. tr. sup. dor. doublé de mar. vert. (*Kœhler.*)

Superbe exemplaire imprimé sur PEAU VÉLIN.

392. **Les faicts et dictz** de feu de bonne mémoire maistre Jehan Molinet. *Imprimés à Paris, l'an mil*

cinq cens trente et ung. On les vend à la boutique de Jehan Longis et de la veuve Jehan Sainct Denis, pet. in-fol. goth. — Les faictz et ditz de feu de bonne mémoire maistre Alain Chartier. *On les vend à Paris, en la boutique de Galliot du Pré*, 1526, in-fol. goth. — Cy est le romant de la rose, ou tout lart damour est enclose (en vers). *On les vend à Paris, en la boutique de Jehan Petit*, pet. in-fol. goth. à 2 col. 3 part. en 1 vol. in-fol. v. brun.

Le premier de ces ouvrages est piqué; le deuxième et le troisième sont courts de marges.

393. Le Combat de trente Bretons contre trente Anglais, publ. par Crapelet. *Paris*, 1827, gr. in-8, fig. demi-rel. mar.

Exemplaire sur peau vélin.

394. Le Combat de trente Bretons contre trente Anglais, publié d'après le manuscrit de la Bibliothèque du roi, par G.-A. Crapelet, imprimeur. *Paris, de l'impr. de Crapelet*, 1827, gr. in-8, fig. et blasons cart.

Un des douze exemplaires en grand papier jésus de Hollande.

395. Poésies morales et historiques d'Eustache Deschamps, écuyer, huissier d'armes des rois Charles V et Charles VI, châtelain de Fismes et bailli de Senlis, publiées pour la première fois d'après le manuscrit de la Bibliothèque du roi, avec un précis historique et littéraire sur l'auteur, par G.-A. Crapelet. *A Paris, de l'imprimerie de Crapelet*, 1832, gr. in-8, cart. non rog.

Un des sept exemplaires en grand papier de Hollande, avec le fac-simile sur peau vélin.

396. Le Livre des cent ballades, publ. par le marquis de Queux de Saint-Hilaire. *Paris, Maillet*, 1868, in-8, cart.

L'un des deux exemplaires imprimés sur peau vélin.

397. OEuvres de François Villon. *A Paris, de l'impr. d'Antoine-Urbain Coustelier*, 1723, pet. in-8, mar. rouge, dent. tr. dor. (*Anc. rel.*)

Imprimé sur PEAU VÉLIN. Exemplaire de Charles Nodier.

398. OEuvres de François Villon, avec les remarques de diverses personnes. *A la Haie, chés Adrien Moetjens*, 1742, pet. in-8, mar. rouge, fil. tr. dor. (*Du*[illegible]

399. Poésies de Marguerite-Éléonore-Clotilde de Vallon-Chalys, depuis madame de Surville, poëte français du xve siècle, publiées par Ch. Vanderbourg. *A Paris, de l'imprimerie de P. Didot l'aîné*, 1804, 1 tom. en 2 vol. in-12, mar. v. large dent. tête or. (*Masson-Debonnelle.*)

Un des quatre exemplaires imprimés sur PEAU VÉLIN.

400. Poésies de Marguerite-Éléonore-Clotilde de Vallon-Chalys, depuis madame de Surville, poëte français du xve siècle, nouvelle édition publiée par Ch. Vanderbourg. *Paris, Nepveu*, 1824. — Poésies inédites publiées par MM. de Roujoux et Ch. Nodier. *Paris, Nepveu*, 1827, 2 vol. in-8, fig. br.

Exemplaire sur papier rose.

401. Les Poésies de Martial de Paris, dit d'Auvergne, procureur au Parlement. *Paris, Ant.-Urbain Coustelier*, 1724, 2 vol. pet. in-8, mar. rouge, fil. tr. dor. (*Anc. rel.*)

Exemplaire imprimé sur PEAU VÉLIN. Il provient des bibliothèques de l'abbé d'Orléans de Rothelin, de M. Double et de M. Desq.

402. Les Poésies de Guillaume Coquillart, official de l'Église de Reims. *Paris, Ant.-Urbain Coustelier*, 1723, 2 vol. in-12, mar. rouge, fil. tr. dor. (*Anc. reliure.*)

Aux armes de France.
Exemplaire imprimé sur PEAU VÉLIN.

403. Les Vers de maître Henri Baude, poëte du xve siècle, recueillis et publiés par Quicherat. *Paris, Aubry*, 1856, in-8, mar. rouge, fil. (*Capé.*)

Exemplaire sur PEAU VÉLIN.

404. Les Vers de maître Henri Baude, poëte du xve siècle, recueillis et publiés avec les actes qui concernent sa vie, par M. J. Quicherat. *Paris, Aug. Aubry*, 1856, pet. in-8, br.

Un des huit exemplaires sur papier de couleur. Celui-ci, sur papier rose, est accompagné d'un double titre tiré rouge et noir sur papier vélin.

405. Les Poésies de Guillaume Cretin. *Paris, Ant.-Urbain Coustelier*, 1723, 1 vol. pet. in-8, mar. r. fil. tr. dor. (*Anc. rel.*)

Exemplaire imprimé sur PEAU VÉLIN. Il a fait partie des bibliothèques de l'abbé de Rothelin et de M. Double.

406. **Le Débat de l'hiver et de l'été**, avec l'état présent de l'homme et plusieurs autres joyeusetés. *Paris, de l'imprimerie de Crapelet*, 1830. — Le Casteau d'amours (par P. Gringore). *Paris, de l'imprimerie de Crapelet*, 1830, 2 part. en 1 vol. gr. in-8, goth. fig. sur bois, mar. vert, fil. tr. dor. (*Chambolle-Duru.*)

Un des quatre exemplaires sur PEAU VÉLIN de la réimpression de ces deux pièces rares, tirées en tout à cent exemplaires.

407. La Chasse du cerf des cerfs, composé par Pierre Gringore (en vers). *S. l. n. d.*, pet. in-8, mar. rouge, riches compart. en or, doublé de mar. (*Kœhler.*)

Exemplaire sur PEAU VÉLIN. Réimpression faite par les soins de M. Veinant.

408. **L'Epitaphe** de frère Oliuier Maillard (en vers). *S. l. n. d.*, in-16, goth. fig. sur bois, mar. bl. jans. tr. dor. (*Chambolle-Duru.*)

Un des quatre exemplaires sur PEAU VÉLIN de cette réimpression faite en 1857 par les soins d'A. Veinant, et tirée à 62 exemplaires seulement.

409. **Complainte** et enseignements de François Garin. *Paris, Silvestre*, 1832, in-4, goth. fig. sur bois, br.

Un des dix exemplaires en papier vélin anglais, avec le titre imprimé en rouge, de cette édition tirée à cent exemplaires, aux frais de M. Durand de Lançon.

410. **Le Temple de bône renômee** | et repos des hommes et femmes illustres trouue par le trauerseur de vois perilleuses | en plorant le tres regrette

deces du feu prince de Thalemont | unique filz du cheualier et prince sans reproche (par Jehan Bouchet). ¶ *Imprimé à Paris, | pour Galliot du Pré marchāt libraire demourant sur le pont nostre Dame a lenseigne de la Gallee | ayant sa bouticle en la grant salle du Pallays | au second pillier.* (A la fin :) ¶ *Cy finist la descripcion... Et fut acheve de īprimer le secōd iour de ianvier mil cinq cens et seize*, in-4, goth. fig. sur bois, mar. bleu, fil. tr. dor. (*Bauzonnet-Trautz.*)

Aux armes du marquis de Coislin.
Superbe exemplaire d'un livre très-rare. Il a appartenu à M. Cicongne.

411. **Opuscules** du trauerseur des voies perilleuses (Jehan Bouchet). Nouvellemēt par luy reueuz et amendez et corrigez. Lepistre d'iustice Alīstructiō et hōneur des ministres d'icelle. Le chapelet des princes contenant les rōdeaulx et V ballades plusieurs chāpz royaulx | ballades et rondeaulx. La deploration de leglise militante sur les persecutions | laquelle deteste guerre et incite les roys et princes a paix. Nouuellement reveu | corrige | et augmente par ledict acteur, et imprime nouuellement. *S. l. n. d.*, goth. fig. sur bois, pet. in-4, mar. olive, à comp. tr. dor. (*Capé.*)

Superbe exemplaire.

412. Les OEuvres de Jean Marot (et celles de Michel Marot), nouvelle édition. *A Paris, chez Antoine-Urbain Coustelier*, 1723, 1 tom. en 2 vol. pet. in-8, mar. rouge, fil. tr. dor. (*Anc. rel.*)

Exemplaire imprimé sur PEAU VÉLIN. Il a fait partie, à un siècle de distance, de deux collections célèbres, celle d'Orléans de Rothelin et celle de M. Double.

413. La Clef d'amour, poëme publié d'après un manuscrit du XIVe siècle, par Edwin Tross, avec une introduction et des remarques par M. H. Michelant. *Imprimé à Lyon par Louis Perrin*, 1866, in-8, fac-simile cart. non rog.

Un des quatre exemplaires imprimés sur PEAU VÉLIN.
Le fac-simile est double, sur vélin et sur papier de Chine.

414. La Vraye Histoire de Triboulet et autres poésies inédites des xve et xvie siècles, recueillies et mises en ordre par A. Joly. *Lyon, Scheuring*, 1867, in-8, mar. rouge, fil. tr. sup. dorée. (*Chambolle-Duru.*)

L'un des trois exemplaires imprimés sur PEAU VÉLIN.

415. **La Dance des aveugles.** *S. l. n. d.*, pet. in-4, goth. mar. la Vall. compart. de mar. rouge et v. (*Capé.*)

Reproduction par Pilinski. Exemplaire sur PEAU VÉLIN.

416. La Dance aux aveugles et autres poésies du xve siècle, extraites de la bibliothèque des ducs de Bourgogne. *Lille, André Panckoucke*, 1748, in-12, mar. vert, fil. tr. dor. (*Duru.*)

Exemplaire relié sur brochure.

417. **Le Giroffliet** aux dames, ensemble le dit des Sibiles (en vers). *Imprimé à Paris, par Michel Lenoir, s. d.*, pet. in-4, goth. mar. rouge, comp. (*Capé.*)

Réimpression. Exemplaire sur PEAU VÉLIN.

418. **Le Depucellage de la ville de Tournay**, avec les pleurs et lamẽtatiõs obstant sa defloration. — La Cõplaĩte de Venise. — Le Doctrinal des filles à marier. *S. l. n. d.*, goth. fig. sur bois, 3 pièces en 1 vol. pet. in-4, mar. vert, fil. non rog. (*Bauzonnet.*)

Réimpression faite par Techener, à 30 exemplaires seulement sur papier et 10 exemplaires sur PEAU VÉLIN, de trois pièces fort rares. Cet exemplaire, l'un des 10 sur PEAU VÉLIN, a appartenu à Baudelocque et au baron Ernouf.

419. **La Patenostre** des verollez, avec leur complainte contre les médecins. *S. l. n. d.*, pet. in-8, goth. fig. sur bois, mar. citron, fil. tr. dor. (*Gruel.*)

Un des quatre exemplaires tirés sur PEAU VÉLIN de la réimpression faite chez Crapelet, à 57 exemplaires, d'un livre de la plus grande rareté.

420. Rymes de gentile et vertvevse dame D. Pernette dv Gvillet, Lyonnoise. *A Lyon, par Louis Perrin,*

imprimeur, 1856, in-8, mar. rouge, large dent. non rog. (*Niedrée.*)

Un des deux exemplaires imprimés sur PEAU VÉLIN.

421. RYMES de gentile et vertvevse dame D. Pernette dv Gvillet, Lyonnoise. *Lyon, Nicolas Scheuring*, 1864, in-12, cart. en toile, non rog. dans un étui.

Un des quatre exemplaires sur PEAU VÉLIN.

422. **Cantique** d'Estienne Dolet, prisonnier à la conciergerie de Paris, sur sa désolation et sur sa consolation, en vers. (*Imprimé l'an* 1546), in-8, goth. cartonné.

Réunion dans le même volume de six exemplaires, le premier sur PEAU VÉLIN, et les autres sur papier vélin, sur papier rose, sur papier de Hollande, sur papier chamois et sur papier vélin fin.

423. EVVRES DE LOVIZE LABÉ, Lionnoize (publ. par M. Montfalcon). *Paris, imprimé par Simon Raçon et compagnie*, 1853, in-8, mar. bleu, large dent. non rog. (*Niedrée.*)

Un des deux exemplaires imprimés sur PEAU VÉLIN.

L'autre, vendu 1,200 francs chez M. Cailhava, en 1863, fait partie de la bibliothèque du duc d'Aumale.

Celui-ci est orné de quatre titres en or et en couleur, et il renferme une addition manuscrite de quatre pages sur peau vélin du savant éditeur de cette belle publication.

424. ŒUVRES de Louise Charly, Lyonnoise, dite Labé, surnommée la belle Cordière. *A Lyon, chez les frères Duplain*, 1762, pet. in-8, mar. bleu, fil. tr. dor. (*Niedrée.*)

Un des vingt-cinq exemplaires sur papier fin et l'un des douze dont les vignettes et culs-de-lampe, dessinés par Nonotte et gravés par Daullé, sont tirés en bleu.

Il provient des ventes Cailhava (1862) et Desq (1866).

425. Evvres de Lovize Labé, Lyonnoize. *Lyon, Scheuring*, 1862, pet. in-8. papier teinté, br.

426. ŒUVRES FRANÇOISES de Joachim du Bellay, gentilhomme angevin, avec des notes par Marty-Laveaux. *Paris, Alphonse Lemerre*, 1866, 2 tom. en 4 vol. pet. in-8, cart. non rog.

L'un des deux exemplaires sur PEAU VÉLIN.

427. JOACHIM DV BELLAY. La Défense et illustration de la langve françoyse, avec l'Oliue de nouveau augmentée. La Musagnœomachie. L'Antérotique de la vieille et de la ieune amie, vers lyriques, etc. *Paris, Federic Morel,* 1561. — Recueil de poesie presenté à tres illvstre princesse madame Margverite sœur vnique du roy, et mis en lumiere par le commandement de ma dicte dame, reveu et augmenté par l'auteur. *Paris, Federic Morel,* 1561. — Deux Livres de l'Eneide de Vergile, le qvatrieme et sixieme, tradvits en françois. *Paris, Federic Morel,* 1561. — Les Regrets et avtres œvvres poetiques de Ioach. dv Bellay, Ang. *Paris, Federic Morel,* 1565. — Divers ieux rustiques, et avtres œvvres poetiqves de Ioachim dv Bellay, Angevin. *Paris, Federic Morel,* 1565. — Epithalame sur le mariage de tres illustre prince Philibert Emanuel, dvc de Savoye, et tres illvstre princesse Margverite de France, sœvr vnique dv roy et dvchesse de Berry. *Paris, Federic Morel,* 1561. — La Monomachie de David et de Goliath, ensemble plvsievrs avtres œvvres poetiqves de Ioach. dv Bellay Angevin. *Paris, Federic Morel,* 1560. — Discovrs av roy sur la trefve de l'an M. D. LV. *Paris, Federic Morel,* 1561. — Le Premier Livre des antiqvitez de Rome, contenant une generale description de sa grandeur, et comme vne deploration de sa rvine. *Paris, Federic Morel,* 1562. — Ode sur la naissance du petit dvc de Beaumont, fils de Mgr de Vandosme, roy de Navarre. *Paris, Federic Morel,* 1565, in-4, mar. brun à riches comp. doré en plein. (*Capé.*)

Magnifique recueil, de la plus belle conservation. Ce beau livre est aussi remarquable par sa condition intérieure que par la richesse de sa reliure.

428. Les OEuvres poétiques d'André de Rivaudeau, gentilhomme du Bas-Poitou, nouvelle édition publiée et annotée par C. Mourain de Sourdeval. *Paris, Aug. Aubry,* 1859, in-8, br.

Un des douze exemplaires sur papier vélin chamois.

429. OEuvres poétiques de Pierre de Brach sieur de la Motte Montussan, publiées et annotées par Reinhold Dezeimeris. *Paris, Aug. Aubry*, 1861-1862, 2 vol. in-4, br.

Exemplaire sur papier vélin vert. Onze exemplaires seulement ont été tirés sur papier de couleur.

430. La Bergerie de R. Belleav, divisee en vne premiere et seconde iournee. *A Paris, chez Gilles Gilles*, 1572, 2 tom. en 1 vol. pet. in-8, régl. mar. citron, fil. tr. dor. (*Kœhler.*)

Exemplaire rempli de témoins, de l'édition originale, fort rare et fort recherchée, dédiée à Charles de Lorraine, marquis d'Elbeuf.

431. OEuvres inédites de P. de Ronsard, gentilhomme vandomois, recveillies et pvbliées par Prosper Blanchemain. *Paris, Aug. Aubry*, 1855, pet. in-8, br.

Un des dix exemplaires sur papier de couleur. A celui-ci, sur papier rose, on a joint une double épreuve du portrait, sur papier de Chine et sur papier de la couleur du volume.

432. Les Foresteries de Jean Vauquelin, sieur de la Fresnaie, publiées et annotées par Julien Travers. *Caen*, 1869, gr. in-8, cart. non rog.

L'un des trois exemplaires sur peau vélin.

433. Regnier. OEuvres, édition Louis Lacour. *Paris, Académie des bibliophiles*, 1867, in-8, en feuilles dans un étui.

L'un des deux exemplaires tirés sur peau vélin.

434. L'Enlèvement innocent, ou la retraite clandestine de monseigneur le prince avec madame la princesse sa femme, hors de France, 1609-1610. Vers itinéraires et faits en chemin par Claude-Enoch Virey, secrétaire dudit seigneur, à M. Louis Dollé, advocat excellent au Parlement de Paris, publié d'après le manuscrit de la Bibliothèque impériale, par E. Halphen. *Paris, Auguste Aubry*, 1859, in-8, mar. rouge, fil. comp. non rog. (*Capé.*)

Un des deux exemplaires imprimés sur peau vélin. Provenant de la bibliothèque de M. Desq.

435. L'Enlèvement innocent, ou la retraite clandestine de monseigneur le prince avec madame la princesse sa femme, hors de France 1609-1610. Vers itinéraires et faits en chemin par Claude-Enoch Virey, secrétaire du dit seigneur, à M. Louis Dollé, advocat excellent au Parlement de Paris, publié d'après le manuscrit de la Bibliothèque impériale, par E. Halphen. *Paris, Aug. Aubry*, 1859, pet. in-8, br.

Papier rose. L'un des dix sur papier de couleur.

436. ŒUVRES POÉTIQUES de Jacques de Champ-Repus, gentilhomme bas-normand, publiées et annotées par Marigues de Champ-Repus. *Paris, Bachelin-Deflorenne*, 1864, in-8, br.

Un des deux exemplaires imprimés sur PEAU VÉLIN.

B. Poëtes français depuis Malherbe.

437. Poésies de Malherbe. *A Paris, imprimé au Louvre, par Didot l'aîné*, 1797, 1 vol. gr. in-4, pap. vélin.

438. Les OEvvres poetiques de Vavqvelin des Yveteavx revnies pour la première fois, annotées et publiées par Prosper Blanchemain. *A Paris, par Avgvste Avbry*, 1854, gr. in-8, portr. br.

Un des neuf exemplaires sur papier vélin chamois. Le portrait est double, sur papier de Chine et sur papier rose. On y a joint la Notice de M. Rathery sur Vauquelin, extraite du *Moniteur*, exemplaire sur papier chamois, dont il n'a été également tiré que neuf exemplaires.

439. LES POÉSIES du sieur Tristan Lhermite. *Paris, l'auteur*, 1648, in-4, fig. mar. rouge, dent. tr. dor. (*Thompson*.)

440. Poésies de maître Adam Billaut, menuisier de Nevers, précédées d'une notice biographique et littéraire, par M. Ferdinand Denis, et accompagnée de notes par M. Ferdinand Wagniez, avocat. Edition complète, ornée de huit portraits dessinés sur la pierre par MM. Achille Dévéria et E. Lasalle

(avec deux vues du Nivernais par M. Paul Bourgeois). *Nevers, J. Pinet*, 1842, gr. in-8, demi-rel. mar. rouge, non rog. tr. sup. dor.

Avec l'appendice ou poëme érotique qui manque souvent.

441. La Piedmontoize en vers bressans, par Bernardin Uchard, sievr de Moncepez, dédiée à monseigneur Lesdigvières, mareschal de France, et gouverneur pour le roy en Dauphiné. *Paris, Aug. Aubry*, 1855, in-8, br.

Un des huit exemplaires sur papier de couleur. Celui-ci est sur papier bleu.

442. La Muse historique, ou Recueil de lettres en vers contenant les nouvelles du temps écrites à son altesse Mlle de Longueville, depuis duchesse de Nemours (1650-1665), par J. Loret. Nouvelle édition, revue sur les manuscrits et les éditions originales et augmentée d'une introduction, de notes et d'une table générale des matières, par MM. J. Ravenel et Ed.-V. de la Pelouze. (*Paris*), *P. Jannet*, 1857, gr. in-8, br.

Tome Ier, seul publié. Exemplaire en papier de Hollande.

443. Lettre en vers svr les mariages de Mlle de Rohan avec M. de Chabot, de Mlle de Rambovillet avec M. de Montavsier, et de Mlle de Brissac avec Sabatier, 1645. *Paris, Auguste Aubry*, 1862, in-12, mar. bleu, fil. tr. dor. (*Chambolle-Duru.*)

Un des trois exemplaires imprimés sur peau vélin, d'une édition tirée à très-petit nombre.

444. La Journée des madrigaux, suivie de la Gazette de Tendre et du carnaval des prétieuses; introduction et notes par Émile Colombey. *Paris, Aubry*, 1856, in-8, mar. rouge, fil. (*Capé.*)

Imprimé sur peau vélin.

445. La Journée des madrigaux, suivie de la Gazette de Tendre et du carnaval des prétieuses; introductions et notes, par Émile Colombey. *Paris, Aug. Aubry*, 1856, pet. in-8, br.

Exemplaire sur papier rose, l'un des huit sur papier de couleur.

446. Les Sonneurs de sonnets, par Alfred Delvau. *Paris, Bachelin-Deflorenne*, 1867, in-18, cart.

Exemplaire sur **PEAU VÉLIN**.

447. Poésies d'Anne de Rohan-Soubise, et lettres de Rohan-Montbazon, abbesse de Caen et de Malnoue, à divers membres de la Société précieuse, publiées pour la première fois avec notes et introduction. *Paris, Aug. Aubry*, 1862, in-12, mar. rouge, fil. tr. dor. (*Chambolle-Duru.*)

Exemplaire imprimé sur **PEAU VÉLIN**. L'édition a été tirée à très-petit nombre, et trois seulement sur peau vélin.

448. Sceaux, poëme, par Philippe Quinault. *Paris* (*Didot*), 1813, gr. in-12, dos et coins mar. rouge, non rog. (*Simier.*)

Un des trois exemplaires imprimés sur **PEAU VÉLIN**. De la bibliothèque de M. de Bure.

449. Sceaux, poëme, par Philippe Quinault; imprimé pour la seconde fois sur le manuscrit original qui se trouve dans le cabinet de Mme de Bure. *Paris*, 1824, gr. in-8, demi-rel. mar.

Un des deux exemplaires imprimés sur **PEAU VÉLIN**, de cette édition tirée en tout à quinze exemplaires. Exemplaire de J.-J. de Bure.

450. Le Catéchisme royal en vers, par Pierre le Blanc, prestre chanoine de Billon en Auvergne; troisième édition, reveue, corrigée et augmentée par l'autheur. *A Paris, Lovis Bovlanger*, 1652, 1 vol. pet. in-8, mar. bleu, tr. dorée, janséniste. (*Petit.*)

451. La Chasse, poëme, par Charles Perrault, de l'Académie françoise. *Paris, Aug. Aubry*, 1862, in-8, mar. bleu, fil. tr. dor. (*Chambolle-Duru.*)

Exemplaire imprimé sur **PEAU VÉLIN**. L'édition a été tirée à très-petit nombre, et trois exemplaires seulement existent sur peau vélin.

452. Les Poésies facétieuses, par les beaux esprits de ce temps. *S. l.*, 1668, pet. in-12, mar. rouge, fil. tr. dorée.

Exemplaire du comte de la Bédoyère.

453. Le Parnasse satyrique du sieur Théophile, avec le recueil des plus excellents vers satyriques de ce temps. Nouvelle édition complète, revue et corrigée, avec glossaire, notices biographiques, etc. *Gand, Duquesne et Paris, Claudin*, 1861, 2 vol. in-12, mar. vert, fil. tr. dor. (*Capé, Masson-Debonnelle.*)

Un des deux exemplaires imprimés sur PEAU VÉLIN.

454. Notice sur la vie de la Fontaine, avec quelques observations sur ses fables (par Naigeon). *Paris, Ant.-Aug. Renouard*, 1795, in-8, mar. bleu, dent. tabis, tr. dor. (*Bozérian.*)

Imprimé sur PEAU VÉLIN.

Avec une double épreuve, papier de Chine et eaux-fortes, des deux portraits de la Fontaine gravés par Saint-Aubin.

455. OEUVRES COMPLÈTES DE LA FONTAINE, précédées d'une nouvelle notice sur sa vie. *Paris, Lefèvre (de l'impr. de Crapelet)*, 1814, 6 vol. gr. in-8, dos et coins de mar. bleu, non rog.

Un des deux exemplaires imprimés sur PEAU VÉLIN.

Il est orné d'une triple suite des belles figures de Moreau, avant la lettre, sur PEAU VÉLIN, avant la lettre et eaux-fortes sur papier, d'une copie du temps d'une fable de la Fontaine portant des corrections de sa main.

456. Fables de la Fontaine, imprimées par ordre du roi pour l'éducation de monseigneur le Dauphin. *A Paris, de l'imprimerie de Didot l'aîné*, 1788, gr. in-4, pap. vélin, demi-rel. mar. non rog.

457. Fables de la Fontaine illustrées par Granville, nouvelle édition. *Paris, Fournier aîné*, 1839, 2 vol. in-8, fig. veau violet, tr. dor.

458. Fables de la Fontaine, avec les dessins de Gust. Doré. *Paris, Hachette*, 1867, 2 vol. in-fol. cartonnés.

459. Contes et nouvelles en vers par M. de la Fontaine, nouvelle édition enrichie de tailles-douces. *Amsterdam, Henry Desbordes*, 1685, 2 tom. en 1 vol. in-12, mar. rouge à comp. doublé de mar. rouge, dent. tr. dor. (*Thouvenin.*)

Superbe exemplaire de la première édition sous cette date, provenant de la bibliothèque du comte de Saint-Mauris et de celle du comte de Chaponay. Il ne laisse rien à désirer pour la conservation, la beauté des épreuves et la reliure, qui est une des meilleures de Thouvenin.

460. Contes et nouvelles en vers par J. de la Fontaine. *Paris, de l'imprimerie de P. Didot l'aîné,* 1795, 2 vol. in-18, tirés in-12, mar. vert, doublé de mar. citron, gardes en vélin.

L'un des deux exemplaires tirés sur peau vélin. Il est orné du portrait sur chine et eau-forte et des figures de Moreau sur chine.

461. Contes et nouvelles en vers, par Jean de la Fontaine. *Paris, Leclère fils,* 1861, 2 vol. fig. de Duplessis-Bertaux. — Contes et nouvelles en vers, par Voltaire, Vergier, Sénecé, Perrault, Moncrif et le P. Ducerceau. *Paris, Leclère fils,* 1862, 2 vol. fig. de Duplessis-Bertaux. Ensemble 4 vol. in-12, brochés.

Un des vingt exemplaires numérotés tirés sur papier de Chine. Celui-ci porte le nº 4.

462. Adonis, poëme, par J. de la Fontaine, publ. par Walckenaer. *Paris, Simier,* 1825, in-4, demi-rel. mar. portrait ajouté. (*Simier.*)

Exemplaire sur peau vélin. Cette édition n'a été tirée qu'à 50 exemplaires, dont un seul sur peau vélin.

463. OEuvres de Boileau-Despréaux, imprimées par ordre du roi pour l'éducation de monseigneur le Dauphin. *A Paris, de l'impr. de P. Didot l'aîné,* 1789, 2 vol. gr. in-4, pap. vélin, demi-rel. mar. non rog.

464. Le Lutrin, poëme héroï-comique de Boileau-Despréaux; édition conforme au texte original, ornée de vignettes par Ernest et Frédéric Hillemacher. *Lyon, N. Scheuring,* 1862, in-4, pap. teinté, cart. non rog.

Un des vingt-cinq exemplaires avec les figures avant la lettre.

465. Odes, cantates, épîtres et poésies diverses de J.-B. Rousseau. *Imprimé par ordre du roi pour l'éducation de monseigneur le Dauphin. A Paris,*

chez P. Didot, 1790, gr. in-4, demi-rel. mar. citron.

Exemplaire unique imprimé sur PEAU VÉLIN.

466. Odes, cantates, épîtres et poésies diverses de J.-B. Rousseau. Imprimé par ordre du roi pour l'éducation de monseigneur le Dauphin. *A Paris, chez P. Didot fils aîné,* 1790, gr. in-4, pap. vélin, demi-rel. mar. non rog.

467. OEuvres de Chapelle et de Bachaumont. *A la Haye, et se trouve à Paris chez Quillau,* 1755, in-12, mar. rouge, fil. tr. dor.

Exemplaire en grand papier.

468. OEuvres de Mme Des Houlières, nouvelle édition. *Paris, Desray (de l'imprimerie de Crapelet), an VII,* 2 vol. in-8, mar. rouge, dent. moire, tr. dor. (*Bozérian.*)

Un des vingt-cinq exemplaires en grand papier vélin. Portrait de l'édition, avant la lettre.

469. FABLES NOUVELLES dédiées au roy, par M. de la Motte, de l'Académie françoise, avec un discours sur la fable. *Paris, Grégoire Dupuis,* 1719, in-4, fig. de Gillot, mar. rouge, large dent. tr. dorée. (*Anc. rel.*)

Exemplaire en grand papier.

470. LES DONS DES ENFANTS DE LATONE: la musique et la chasse du cerf, poëmes dédiés au roy. *Paris, Prault,* 1734, in-8, fig. et musique notée, mar. vert russe, tr. dor. (*Petit.*)

471. OEUVRES DU CARDINAL DE BERNIS, de l'Académie françoise, collationnées sur les textes des premières éditions et classées dans un ordre plus méthodique. *Paris, N. Delangle,* 1825, gr. in-8, port. cart. non rog.

Exemplaire unique sur papier de Chine, provenant de la bibliothèque de Charles Nodier.

472. LA HENRIADE de Voltaire, avec les variantes. Imprimé par ordre du roi pour l'éducation de

monseigneur le Dauphin. *Paris, P. Didot fils aîné de F.-A. Didot l'aîné,* 1790, gr. in-4, pap. vélin, v. marb. fil.

Superbe exemplaire, orné des figures de Moreau avec la lettre, avant la lettre et eaux-fortes, dont il n'existe, dit-on, que deux suites complètes; les figures de Queverdo, avant la lettre et eaux-fortes, dont une qui a été supprimée; plusieurs portraits de Henri IV, avant la lettre; ceux de Voltaire, de Frédéric le Grand, etc.

473. LA HENRIADE de Voltaire. Imprimé pour l'éducation de monseigneur le Dauphin. *Paris, P. Didot,* 1791, in-18, cart.

Exemplaire unique sur PEAU VÉLIN. Il provient du cabinet du prince Galitzin.

474. LA PUCELLE D'ORLÉANS, poëme en vingt et un chants, suivi de Corisandre, par Voltaire. *Paris, A. Nepveu,* 1824, in-32, mar. violet, comp. non rog. (*Thouvenin.*)

Un des six exemplaires imprimés sur PEAU VÉLIN; figures sur papier de Chine. L'édition entière n'a été tirée qu'à vingt exemplaires sur papier et six sur peau vélin. Figures sur chine ajoutées.

475. LA PUCELLE D'ORLÉANS, poëme en vingt-un chants par Voltaire, édition ornée de figures gravées par Duplessis-Berthault. *Paris, Leclère,* 1865, 2 vol. in-8, mar. rouge, large dent. tr. dor. (*Chambolle-Duru.*)

Un des deux exemplaires sur PEAU VÉLIN, avec trois épreuves des figures sur satin blanc et sur papier de Chine, tirées en bistre.

476. LA PUCELLE D'ORLÉANS, poëme en vingt-un chants par Voltaire, édition ornée de figures gravées par Duplessis-Berthault. *Paris, Leclère,* 1865, 2 vol. pet. in-8 (en feuilles).

Un des quinze exemplaires sur papier de Chine.

477. OEuvres de Gresset, nouvelle édition faite d'après l'originale et enrichie de superbes figures. *Paris, Volland,* 1794, 2 vol. in-8, pap. vél. br.

Exemplaire tiré in-4.

478. LES BAISERS, précédés du Mois de mai (par Dorat). *A la Haye, et se trouve à Paris,* 1770, in-8, fig. et culs-de-lampe d'Eisen, veau fauve.

Belles épreuves. Exemplaire en grand papier.

479. Œuvres de Malfilâtre, nouvelle édition, accompagnée de notes et précédée d'une notice, par M. L***. *Paris*, *Jehenne*, 1825, in-8, portr. demi-reliure.

Exemplaire en grand papier vélin, avec le portrait de l'édition sur papier de Chine avant la lettre. On y a joint un portrait de Malfilâtre.

480. Œuvres de Colardeau, de l'Académie françoise. *Paris*, *Ballard*, 1779, 2 vol. gr. in-8, portr. et fig. mar. bleu, dent. tr. dor. (*Bozérian.*)

Exemplaire de Pixerécourt, en grand papier de Hollande. Très-rare sur ce papier.

481. Les Saisons, poëme, par Saint-Lambert. *Paris*, *Janet et Cotelle*, 1823, in-8, mar. bleu, fil. tr. dor. (*Bauzonnet.*)

Exemplaire sur papier vélin bleu. La figure d'après Desenne est triple, avant la lettre et eau-forte sur papier de Chine, et avant la lettre sur papier vélin lilas. Quatre exemplaires seulement ont été tirés sur papier de couleur.

482. Narcisse dans l'isle de Vénus, poëme en quatre chants. *A Paris*, *chez Lejay*, *s. d.*, in-8, fig. mar. rouge, dent. tr. dor. tabis. (*Derome.*)

Exemplaire en grand papier; figures d'Eisen et de Saint-Aubin.

483. La Pipe cassée, poëme épi-tragi-poissardi-héroï-comique. *Paris*, *Leclère*, 1866, in-8, vignettes (en feuilles.)

Exemplaire sur papier de Chine.

484. Le Petit-Neveu de Bocace, ou contes nouveaux en vers. Nouvelle édition, revue, corrigée et augmentée, par M. Pl. D... (Plancher de Valcour). *Amsterdam*, 1787, 3 tom. en 1 vol. in-8, mar. vert russe, large dent. tr. dor. (*Gruel.*)

Exemplaire sur papier rose.

485. Le Fond du sac, ou recueil de contes en vers et en prose et de pièces fugitives. *Paris*, *Leclère*, 1866, in-8, vignettes en feuilles.

Exemplaire sur papier de Chine.

486. Poésies lyriques de Marie-Joseph Chénier. *A*

Paris, de l'impr. de P. Didot l'aîné, l'an V, in-18, pap. vélin, mar. rouge, fil. tr. dor. (*Thouvenin.*)

Jolie édition tirée à 250 exemplaires. Celui-ci porte le n° 70, de la main de Chénier avec sa signature. On y a joint : Petite Epître à Jacq. Delille. *Paris*, 1802, in-32 de 5 pages.

487. L'ENTRÉE de Danton aux enfers, poëme inédit de J.-B. Salle, publié d'après le manuscrit original par Georges Moreau-Chaslon. *Paris, J. Miard*, 1865, in-12 en feuilles dans un carton.

Un des quatre exemplaires imprimés sur PEAU VÉLIN.

488. LES TROIS RÈGNES de la nature, par Jacques Delille, avec des notes par M. Cuvier de l'Institut et autres savants. *Paris, H. Nicolle*, 1808, 2 vol. gr. in-8, mar. vert à riche comp. tr. dor. (*Aux chiffres de Mme la duchesse de Berry.*)

Un des deux exemplaires tirés sur PEAU VÉLIN. Les figures sont avant la lettre, sur vélin.

489. L'IMAGINATION, poëme, par Jacques Delille. *Paris, Giguet et Michaud*, 1806, 2 vol. gr. in-4, mar. rouge, dent. tr. dor. (*Bozérian.*)

Un des deux exemplaires sur PEAU VÉLIN. Les figures sont sur papier de Chine et avant la lettre.

490. LE MÉRITE DES FEMMES et autres poésies, par G. Legouvé. *Paris, Renouard*, 1809, in-12, mar. vert. (*Bozérian.*)

Imprimé sur PEAU VÉLIN ; figures sur chine.

491. NAPOLÉON EN ÉGYPTE, Waterloo et le Fils de l'homme par Barthélemy et Méry ; précédés d'une notice littéraire par M. Tissot. Édition illustrée par Horace Vernet et H. Bellangé. *Paris, Ernest Bourdin, s. d.*, tr. gr. in-8, mar. vert, fil. à comp. tr. dor. (*Bauzonnet-Trautz.*)

Un des six exemplaires imprimés sur papier de Chine.

492. La Reliure, poëme didactique en six chants, par Lesné, relieur à Paris; seconde édition dédiée aux amateurs de la reliure. *Paris, l'auteur*, 1827, gr. in-8, mar. violet, dent. tr. dor. (*Héring.*)

Édition tirée à 125 exemplaires numérotés, tous sur grand raisin vélin. Celui-ci porte le n° 18.

493. Essai d'un nouveau caractère offrant un essai lyrique de P. Didot l'aîné. *Paris, chez l'auteur, et Jules Didot fils,* 1821, gr. in-8, cart.

Imprimé sur PEAU VÉLIN.

494. Messéniennes et poésies diverses, par M. Casimir Delavigne, neuvième édition. *Paris, Ladvocat,* 1824, gr. in-8, mar. rouge, fil. tr. sup. dor. (*Chambolle-Duru.*)

Exemplaire imprimé sur PEAU VÉLIN. Il est orné de six portraits de Cas. Delavigne, avec et avant la lettre, ou sur chine; des gravures de Devéria, sur chine, et de plusieurs portraits, épreuves de choix. On y a joint une jolie lettre autographe de Casimir Delavigne à Élisa Mercœur.

495. Œuvres de M. de Lamartine. *Paris, librairie de Charles Gosselin,* 1832, 4 vol. gr. in-8, fig. avant la lettre, mar. rouge, fil. tr. dor. (*Niedrée.*)

Un des six exemplaires sur papier de Chine.

496. Poésies nouvelles, par Mme Amable Tastu, 1835. *S. l.* (*Paris*), *Denain et Delamare,* pet. in-8, fig. sur bois, cart.

Exemplaire sur papier vélin jaune, avec un triple titre, sur papier rouge, sur papier bleu et sur papier jaune.

497. La Vendée, poëme en douze chants, par B. Moreau. *Paris, A. Aubry,* 1861, in-8, en feuilles.

Exemplaire en papier vélin chamois.

498. Hégésippe Moreau, sa vie et ses œuvres, documents inédits par Armand Lebailly. Eau-forte par G. Staal. *Paris, Bachelin-Deflorenne,* 1863, pet. in-8, cart.

Exemplaire unique imprimé sur PEAU VÉLIN.

499. Hégésippe Moreau. Œuvres inédites, avec introduction et notes par Armand Lebailly. Eau-forte par G. Staal. *Paris, Bachelin-Deflorenne,* 1863, pet. in-8, cart.

Exemplaire unique imprimé sur PEAU VÉLIN.

C. Chansons et Noëls.

500. Chants historiques et populaires du temps de Charles VII et de Louis XI, publiés par Le Roux

de Lincy. *Paris, Aubry*, 1857, in-8, mar. rouge, filet.

Exemplaire sur PEAU VÉLIN.

501. Mémoires historiques sur Raoul de Coucy. On y a joint le recueil de ses chansons en vieux langage, avec la traduction et l'ancienne musique (par de la Borde). *Paris, Ph.-D. Pierres*, 1781, 2 vol. in-18, tirés pet. in-8, mar. rouge à comp. tabis, tr. dor. (*Anc. rel.*)

502. **La Fleur des chansons.** Les grans chansons nouvelles qui sont en nombre cent et dix, où est comprinse la chanson du roy, la chanson de Pauie, la chanson que le roy fist en Espaigne, la chanson de Romme, la chanson des brunettes et teremutu, et plusieurs aultres nouuelles chansons, lesquelles trouverés par la table ensuyuant. *S. l. n. d.*; pet. in-8, goth. fig. sur bois, br.

Exemplaire sur papier vélin vert. Réimpression exécutée en Belgique, tirée à 200 exemplaires.

503. LES CHANSONS de messire Raoul de Ferrières très-ancien poëte normant nouuellement imprimées à Caen, et sont à vendre en la froide rue. (A la fin:) *Cy finissent les chansons de messire Raoul de Ferrières. Imprimées pour la première fois à Caen chez F. Poisson et fils par les soins et aux despens de G.-S. Trebutien du Cinglais. Et fut acheué le vj[e] iour de feurier Mil.dccc et xlvij*, in-8, tiré in-4, mar. fil. non rog. (*Chambolle-Duru.*)

Exemplaire imprimé sur PEAU VÉLIN.

504. Chansons et saluts d'amour de Guillaume de Ferrières, dit le vidame de Chartres, la plupart inédits, réunis pour la première fois avec les variantes de tous les manuscrits, précédés d'une notice sur l'auteur par M. Louis Lacour. *Paris, Aug. Aubry*, 1856, 1 vol. pet. in-8, br.

Exemplaire sur papier chamois et l'un des douze sur papier de couleur. On y a joint un double titre sur papier bleu et un opuscule de M. Merlet, relatif au volume et tiré à 60 exemplaires seulement.

505. Chansons et saluts d'amour de Guillaume de Ferrières, dit le vidame de Chartres, précédés d'une notice sur l'auteur par L. Lacour. *Paris, Aubry*, 1856, in-8, mar. rouge, fil. (*Capé.*)

Exemplaire sur PEAU VÉLIN.

506. Recueil dit de Maurepas : pièces libres, chansons, épigrammes et autres vers satiriques sur divers personnages des siècles de Louis XIV et Louis XV, accompagnés de remarques curieuses du temps ; publiés pour la première fois d'après les manuscrits conservés à la Bibliothèque impériale à Paris, avec des notices, des tables, etc. *Leyde*, 1865, 6 vol. pet. in-12, mar. v. fil. tr. dor. (*Chambolle-Duru.*)

Un des deux exemplaires imprimés sur PEAU VÉLIN.

507. Recueil complet des chansons de Collé, nouvelle édition, revue et corrigée. *Hambourg et Paris*, 1864, in-12, mar. rouge, fil. tr. dor. (*Masson-Debonnelle.*)

Un des deux exemplaires imprimés sur PEAU VÉLIN.

508. La Muse pariétaire et la muse foraine, ou les chansons des rues depuis quinze ans, par C. N. (Charles Nisard). *Paris, Jules Gay*, 1863, pet. in-12, mar. rouge, jans. tr. dor. (*Masson-Debonnelle.*)

Un des deux exemplaires imprimés sur PEAU VÉLIN.

509. Chants et chansons populaires de la France. Nouvelle édition illustrée d'après les dessins de MM. E. de Beaumont, d'Aubigny, Dubouloz, E. Giraud, Meissonnier, Pascal, Staal, Steinheil et Trimolet, gravés par les meilleurs artistes. *Paris, Garnier frères*, 1855, 3 vol. tr.-gr. in-8 jésus, vélin.

510. Noelz par le comte d'Alsinoys. Autres noelz sur les chants de plusieurs belles chansons. *On les vend au Mans chez A. Lanier*, 1847, 1 vol. in-12, veau fauve, fil. non rog. tr. sup. dorée. (*Kœhler.*)

Tiré à 50 exemplaires.

511. Noels et cantiques imprimés à Troyes depuis le XVIIe siècle jusqu'à nos jours, avec des notes bibliographiques et biographiques sur les imprimeurs troyens. Ouvrage orné de vingt gravures originales avec la musique des airs, par Alexis Socard. *Paris, Auguste Aubry*, 1865, in-8, pap. de Holl. br.

Tiré à 200 exemplaires.

4. *Poëtes étrangers.*

512. L'Enfer (le Purgatoire, le Paradis), poëme du Dante, traduit de l'italien; suivi de notes explicatives pour chaque chant, par un membre de la Société colombaire de Florence, de la Société royale de Gottingue et de l'Académie de Cortone (le Ch. Artaud de Montor). *Paris, Schmit*, 1812, et *Blaise*, 1813, 3 vol. in-8, demi-rel. non rog.

Exemplaire en papier vélin d'une édition devenue très-rare.

513. L'Enfer (le Purgatoire et le Paradis) de Dante Alighieri, traduit en français par M. le chevalier A.-F. Artaud. *Paris, de l'impr. de Firmin Didot*, 1828-1830, 9 vol. in-32, br.

Exemplaire sur papier vélin nankin.

514. Dante. L'Enfer, trad. fr. de Fiorentino, avec les dessins de Gust. Doré. *Paris, Hachette*, 1861, in-fol. cart. non rog.

Premier tirage.

515. Dante. Le Purgatoire, trad. fr. de Fiorentino, avec les dessins de Gust. Doré. *Paris, Hachette*, 1868, in-fol. cart.

516. Dante. Le Paradis, trad. de Fiorentino, avec les dessins de Gust. Doré. *Paris, Hachette*, 1868, in-fol. cart.

517. La Gerusalemme liberata di Torquato Tasso, stampata d'ordine di Monsieur. *Parigi, Ambr.*

Didot l'aîné, 1784, 2 vol. gr. in-4, v. mar. dent. tr. dor. (*Simier.*)

518. La Gerusalemme liberata di Torquato Tasso. *Parma, nel regal Palazzo co'tipi Bodoniani,* 1794, 3 vol. in-fol. pap. vélin, demi-rel. non rog.

Figures de Cochin, avant la lettre.

519. Gerusalemme liberata di Torquato Tasso con annotazioni. *Milano, dalla Società tipografica de' classici italiani, anno* 1804, 4 vol. gr. in-8, portr. mar. rouge, non rog. (*Thompson.*)

Exemplaire imprimé sur peau vélin.

520. La Gerusalemme liberata di Torquato Tasso. *Parigi, P. Didot il magg.,* 1812, 2 vol. in-8, mar. fauve, fil. doublé de mar. rouge, large dent. gardes en moire, non rog. tr. sup. dor. (*Spachmann.*)

Un des deux exemplaires imprimés sur peau vélin.

521. La Jérusalem délivrée, traduite en vers français par P.-L.-M. Baour-Lormian. *Paris, Delaunay, de l'imprimerie de Didot le jeune,* 1819, 3 vol. in-8, cart. non rog.

Exemplaire en grand papier vélin, avec une triple suite des figures de l'édition, avec la lettre, avant la lettre et eaux-fortes.

522. Les Veillées du Tasse, avec le texte italien en regard; précédées de mémoires historiques et de recherches littéraires sur sa vie, traduites par M. B. Barère. *Paris, de l'imprimerie de Crapelet,* 1804, in-8, gr. pap. vélin.

Exemplaire unique, orné des quatre dessins originaux par de Myris, des figures avant, avec la lettre et eaux-fortes; des quatre vignettes de Ducis pour la Vie du Tasse, avant la lettre, sur papier de Chine; de vingt portraits du Tasse, avant la lettre, sur papier de Chine et eaux-fortes, de 3 portraits et d'une lettre autographe de Barère.

523. Il Libro del Perchè, la Pastorella del Marino, la novella dell' Angelo Gabriello, e la Puttana errante di Pietro Aretino. *A Pe-king, regnante Kien-long nel XVIII secolo,* pet. in-8, tit. gravé, mar. rouge, large dent. tabis, tr. dor. (*Anc. rel.*) (*Aux armes.*)

Très-bel exemplaire imprimé sur peau vélin. Reliure signée de Derome, Renfermé dans un étui de maroquin rouge.

524. THE FABLES OF JOHN DRYDEN ornamented with engravings from the pencil of the right hon. Lady Diana Beauclere. *London, printed by Th. Bensley,* 1797, pet. in-fol. pap. vél. mar. rouge, fil. tr. dor. (*Rel. angl.*)

Exemplaire de J.-J. de Bure l'aîné.

525. Hudibras, by Samuel Butler, with Dr Grey's annotations. A new edition corrected and enlarged. *London, Baldwyn,* 1819, 3 vol. gr. in-8, pap. vélin, mar. brun à comp. non rog. tr. sup. dor. (*Herring et Müller.*)

Belle édition, ornée deportraits.

526. LES NUITS D'YOUNG, suivies des Tombeaux et des Méditations d'Hervey, etc., traduction de Le Tourneur, nouvelle édition. *Paris, Étienne Ledoux,* 1824, 2 vol. gr. in-8, dos et coins mar. brun, non rog. (*Herring.*)

Grand papier vélin.
Exemplaire unique, orné des DEUX DESSINS ORIGINAUX de Devéria et des figures avant la lettre et eaux-fortes sur papier de Chine.

527. Charlemagne, an anglo-norman poem of the twelfth century now first published with an introduction and a glossarial index, by Francisque Michel. *London, W. Pickering,* 1836, pet. in-8, facsimile col. cart.

Exemplaire sur papier vert, l'un des deux tirés sur papier de couleur.

528. La Musica, poema, por D. Tomas de Yriarte. *En Madrid, en la emprenta real de la Gazeta,* 1779, gr. in-8, fig. mar. rouge, fil. tabis, tr. dor. (*Rel. angl.*)

Exemplaire de J.-J. de Bure l'aîné.

529. Les Lusiades, ou les Portugais, poëme de Camoëns en dix chants, traduction nouvelle avec des notes par J.-B. Millié. *Paris, Firmin Didot,* 1825, 2 vol. in-8, fig. demi-rel. mar. v. non rog.

Exemplaire en papier vélin.

III. THÉATRE.

530. Lettres sur les spectacles, avec une histoire pour et contre les théâtres, par M. Desprez de Boissy, sixième édition. *A Paris, chez Boudet*, 1777, 2 vol. in-12, mar. rouge, fil. tr. dor. (*Anc. reliure.*)

Exemplaire du roi Louis-Philippe. Bibliothèque du château d'Eu.

531. Publii Terentii Afri Comœdiæ. *Birminghamiæ, typis Johannis Baskerville*, 1772; in-4, cart. non rogné.

532. Les Comédies de Térence, traduction nouvelle avec le texte latin à côté et des notes par M. l'abbé Le Monnier. *Paris, Ch.-Ant. Jombert*, 1771, 3 vol. in-8, fig. mar. rouge, dent. tr. dor. (*Bozérian.*)

Exemplaire en papier de Hollande. Il a fait partie des bibliothèques de Châteaugiron, de Soleinne et de Cailhava.

533. **Moralité** des blasphémateurs de Dieu, à dix-sept personnages. *Paris, Silvestre*, 1831, in-fol. format d'agenda, goth. fig. sur bois.

Un des quatre exemplaires imprimés sur PEAU VÉLIN.

534. **Moralité** de la vendition de Joseph, à quarante-neuf personnages. *Paris, Silvestre*, in-fol. format d'agenda, goth. fig. sur bois.

Un des quatre exemplaires imprimés sur PEAU VÉLIN.

535. **Moralité** du mauvais riche et du ladre, à douze personnages. *A Paris, chez Silvestre*, 1833, pet. in-8, goth. fig. sur bois, mar. rouge, fil. tr. dor. (*Duru.*)

Un des deux exemplaires imprimés sur PEAU VÉLIN.

536. Miracle de Nostre Dame de Robert le Dyable, fils du duc de Normendie, à qui il fu enjoint pour ses meffais qu'il féist le fol sans parler; et depuis ot notre seignor mercy de li, et espousa la fille de l'empereur. Publié pour la première fois, d'a-

près un ms. du XIVe siècle, de la Bibliothèque du roi, par plusieurs membres de la Société des antiquaires de Normandie. *Imprimé à Rouen, pour Edouard Frère,* 1836, in-8, br.

Un des quarante exemplaires en grand papier jésus vélin, avec le fac-simile sur papier et sur PEAU VÉLIN, colorié.

537. Miracle de Nostre Dame, de Robert le Dyable, fils du duc de Normandie, à qui il fu enjoint pour ses meffais qu'il feist le fol sans parler; et depuis ot nostre seignor mercy de li, et espousa la fille de l'empereur; publié pour la première fois d'après un manuscrit du XIVe siècle, de la Bibliothèque du roi, par plusieurs membres de la Société des antiquaires de Normandie. *Rouen, Edouard Frère,* 1836, in-8, br.

Exemplaire en grand papier de Hollande, fac-simile sur PEAU VÉLIN, et colorié.

538. Mystère de saint Crespin et saint Crespinien, publié pour la première fois d'après un manuscrit conservé aux archives du royaume, par L Dessalles et P. Chabaille. *Paris, Silvestre,* 1836, gr. in-8, fac-simile col. br.

Un des neuf exemplaires sur papier de Chine.

539. **Le Mystère de Griseldis**, marquise de Saluces, par personnaiges. *On les vend à Paris, en la rue Neuve Notre-Dame, par Jehan Bonfons,* in-4, goth. mar. rouge, compart. doublé de mar. bl. fil.

Exemplaire sur PEAU VÉLIN. Réimpression publiée par MM. Veinant et Giraud de Savines.

540. La Farce des Theologastres à six personnages. *Lyon, nouvellement imprimé jouxte la copie,* 1830, gr. in-8, demi-rel.

Exemplaire sur papier jaune et l'un des quatre sur papier de couleur de cette réimpression faite à 62 exemplaires d'une pièce dont l'exemplaire unique existait dans la bibliothèque de M. Coste.

541. FARCE JOYEUSE et récréative à trois personnages, à sçavoir : Tout, Chascun et Rien. *Paris, impr. de Firmin Didot,* 1828. — Le Dialogue du Fol et du Sage, moralité du XVIe siècle. *Paris,*

impr. de Firmin Didot, 1829. Les 2 pièces en 1 vol. gr. in-8, mar. bleu, fil. tr. dor. (*Duru.*)

Exemplaire imprimé sur PEAU VÉLIN, de la bibliothèque de M. Solar.
Ces deux pièces, publiées par la Société des bibliophiles françois, n'ont été tirées qu'à 29 exemplaires sur papier.

542. Maistre Pierre Patelin, texte revu sur les manuscrits et les plus anciennes éditions, avec une introduction et des notes par F. Génin. *Paris, Chamerot*, 1854, tr.-gr. in-8 jésus vélin, fig. sur bois, cart.

543. Recveil des plaisants devis récités par les svpposts du seignevr de la coquille (en vers). *A Lyon, par Lovis Perrin, imprimevr*, 1857, in-8, mar. rouge, larges dentelles, tête dor. (*Chambolle-Duru.*)

Un des deux exemplaires imprimés sur PEAU VÉLIN.

544. Chefs-d'OEuvre dramatiques, ou recueil des meilleures pièces du théâtre françois, tragique, comique et lyrique, avec des discours préliminaires sur les trois genres et des remarques sur la langue et le goût, par M. Marmontel. *Paris, Grangé*, 1773, in-4, fig. mar. rouge, large dent. tr. dor. (*Anc. rel.*)

Aux armes de Maurepas.

545. Théatre de P. Corneille avec les commentaires de Voltaire. *Paris, de l'imprimerie de P. Didot l'aîné*, 1795, 10 vol. gr. in-4, papier vélin, broché.

546. OEUVRES COMPLETES DE CORNEILLE, avec les commentaires de Voltaire et les remarques de Palissot, édition dédiée au premier consul. *Paris, de l'imprimerie de P. Didot l'aîné*, 1801, 12 vol. gr. in-8, reliés en vélin vert, non rognés, dans des étuis.

Exemplaire unique et très-précieux, imprimé sur PEAU VÉLIN.

547. OEuvres de Racine. Nouvelle édition augmentée de diverses pièces et de remarques, etc., avec de très-belles figures en taille-douce. *A Amster-*

dam et à Leipzig, chez Arkstée et Merkus, 1750, 3 vol. in-12, mar. bleu, dent. intér. (*Trautz-Bauzonnet.*)

NON ROGNÉ.
Superbe exemplaire d'Armand Bertin, d'une édition très-estimée et très-recherchée.

548. OEUVRES DE JEAN RACINE. *Paris, Didot,* 1783, 3 vol. gr. in-4, pap. vél. demi-rel. mar. rouge, non rog.

De la Collection du Dauphin.

549. OEUVRES DE MOLIÈRE, avec des remarques grammaticales, des avertissements et des observations sur chaque pièce, par M. Bret. *Paris, la compagnie des libraires associés,* 1773, 6 vol. in-8, portr. fig. de Moreau le jeune, dos et coins mar. citron, non rog.

Très-bel exemplaire d'un livre rare en cette condition.

550. OEUVRES DE J.-B. POQUELIN DE MOLIÈRE. *Paris, de l'imprimerie de P. Didot l'aîné,* 1794, 6 vol. gr. in-4, pap. vélin, brochés en carton non rog.

551. OEuvres complètes de Molière, avec les variantes. *Paris, L. Debure,* 1834, gr. in-8, pap. vélin, mar. rouge à comp. tr. dor. (*Müller.*)

On a joint à cet exemplaire le portrait de Molière et les dix-huit figures de Desenne, sur papier de Chine.

552. OEuvres de Molière, précédées d'une notice sur sa vie et ses ouvrages, par M. Sainte-Beuve, vignettes par Tony Johannot. *Paris, Paulin,* 1835-1836, 2 vol. tr.-gr. in-8, dos et coins mar. vert, non rog. tr. sup. dor. (*Capé.*)

Exemplaire sur papier de Chine. Le portrait est double, sur papier vélin et sur papier de Chine.

553. MOLIÈRE. Le Théâtre de Molière, orné de vignettes gravées à l'eau-forte par Hillemacher. *Lyon, Scheuring,* 1864, 7 vol. in-8, en feuilles dans des étuis.

Exemplaire imprimé sur PEAU VÉLIN. L'acquéreur prendra le 8e volume au prix de publication.

554. Recueil des principaux tiltres, concernant l'acquisition de la propriété des masure et place où a esté bastie la maison (appelée vulgairement l'Hostel de Bourgogne) sise en cette ville de Paris, ès rües de Mauconseil et neufve S. François, faicte par les doyens, maistres et gouverneurs de la confrerie de la Passion et Resurrection de Nostre Seigneur Jesus-Christ, maison et hostel de Bourgogne, dès le 30 et penultieme aoust 1548... au profit de ladite confrerie pour eux et leurs successeurs, doyens, maistres, gouverneurs et confreres d'icelle..... à l'encontre des convices et calomnies theatrales de Robert Guerin dict la Fleur, Hugues Gueru dict Fleschelles, Henry le Grand dict Belleville, Pierre Messier dict Belleroze, et autres comediens leurs associez. *Paris, M.DC.XXXII,* in-4, mar. rouge, dent. int. tr. dor. (*Duru.*)

Volume très-rare et très-important pour l'histoire du théâtre français.

555. Le Retour de Jacques II à Paris, comédie. *A Cologne, chez Pierre Marteau,* 1696, pet. in-12, mar. rouge, fil. (*Kœhler.*)

Non rogné. Exemplaire de Ch. Nodier et du comte de la Bédoyère.

556. Les Amours de Colas, comédie du dix-septième siècle, en vers poitevins, réimprimée à 55 exemplaires. *Paris, Techener,* 1843, in-8, br.

Exemplaire sur papier rose.

557. Le Nouveau Tarquin, comédie allégorique en trois actes. *Amsterdam, Jaques Desbordes,* 1732, in-12, veau fauve, fil. (*Bauzonnet.*)

Exemplaire non rogné.

C'est une pièce allégorique sur les amours de la Cadière et du père Girard. L'auteur se moque très-gaiement des plaidoyers qui furent prononcés dans ce procès célèbre.

558. OEuvres choisies d'Alexis Piron, précédées d'une notice historique sur sa vie. *Paris,* 1823, 2 vol. in-8, mar. rouge, fil. tr. sup. dor. non rog. (*Müller.*)

Superbe exemplaire, orné de 14 portraits différents de Piron et d'un grand nombre de portraits d'hommes célèbres, en belles épreuves sur papier de Chine, avant et avec la lettre, et eaux-fortes. En tout 57 pièces ajoutées. De la bibliothèque de MM. de Saint-Mauris et Desq.

559. OEuvres choisies de Lafosse et de Duché. *Paris, P. Didot l'aîné,* 1811, gr. in-18, rel. en vélin vert, non rog. dans un étui.

Un des trois exemplaires imprimés sur PEAU VÉLIN.

560. OEuvres choisies de Châteaubrun et de Guimond de la Touche. *Paris, P. Didot l'aîné,* 1814, gr. in-18, rel. en vél. vert dans un étui.

Un des trois exemplaires imprimés sur PEAU VÉLIN.

561. Crébillon. OEuvres. *Paris, Didot,* 1812, 3 vol. in-8, mar. br. tr. sup. dor.

Exemplaire sur PEAU VÉLIN. Portrait et figures de Devéria sur Chine, et eaux-fortes.

562. Le Comte de Boursoufle, ou les agréments du droit d'aînesse, comédie, par feu M. de Voltaire. *Paris, Jules Renouard, s. d.,* 1 vol. in-32, cart.

Exemplaire imprimé sur PEAU VÉLIN.

563. Galerie historique des portraits des comédiens de la troupe de Voltaire, gravés à l'eau-forte sur des documents authentiques, par Frédéric Hillemacher, avec des détails biographiques inédits, recueillis sur chacun d'eux par E.-D. de Manne. *Lyon, N. Scheuring,* 1861, in-8, pap. teinté, br. portr.

564. OEuvres choisies de Beaumarchais. *Paris, P. Didot l'aîné,* 1822, 3 vol. gr. in-18, reliés en vél. vert, non rog. dans des étuis.

Un des deux exemplaires imprimés sur PEAU VÉLIN.

565. La Dame Blanche de Blacknels, divertissement impromptu en trois actes pour une fête de famille donnée par trois enfants à leur mère (par Lally Tollendal). *Paris, impr. de Jules Didot,* 1828, in-8, pap. vélin, cart. tr. dor.

Tiré à très-petit nombre et non mis en vente.

566. Charlotte Corday, tragédie en cinq actes et en vers, par J.-B. Salles, député girondin, publiée pour la première fois d'après le manuscrit origi-

nal, avec une lettre inédite de Barbaroux, par M. Georges Moreau-Chaslon. *Paris, Miard,* 1864, in-4, br.

Un des dix exemplaires tirés sur papier de Hollande.

567. La Mort d'Abel, tragédie en trois actes et en vers, par le citoyen Legouvé. *Paris, Mérigot,* 1793, in-8, demi-rel. mar. v.

Exemplaire en grand papier vélin, orné de deux portraits de Legouvé, sur papier de Chine, d'une longue et touchante lettre autographe du même à sa mère, et de figures par Devéria, Borel, Marillier, Moreau le jeune, Boizot (très-rares), épreuves avant la lettre, avec plusieurs eaux-fortes.

568. Théâtre Lyonnais de Guignol, publié pour la première fois. *Lyon, Scheuring,* 1865, in-8, mar. bl. fil. tr. sup. dor. (*Chambolle-Duru.*)

Exemplaire imprimé sur PEAU VÉLIN.

569. Aminta, favola boschereccia di Torquato Tasso. *Parigi, Nepveu,* 1811, in-16, cart. fig. noires et coloriées.

Exemplaire imprimé sur PEAU VÉLIN.

570. Aminta, favola boschereccia di Torquato Tasso. *Parigi, dai torchi di P. Didot il magg.,* 1813, in-8, mar. fauve, fil. doublé de mar. rouge, large dent. gardes en moire, tr. sup. dor. (*Spachmann.*)

Un des deux exemplaires imprimés sur PEAU VÉLIN.

571. OPERE DEL SIGNOR ABATE PIETRO METASTASIO. *In Parigi, vedova Herissant,* 1780-82, 12 vol. in-4, pap. de Holl. fig. avant la lettre et beaucoup d'eaux-fortes, demi-rel. dos de mar. rouge, non rog.

Précieux exemplaire de Renouard, contenant les TRENTE-HUIT DESSINS ORIGINAUX de Cipriani, Moreau, Cochin, etc. L'estampe pour la Poétique d'Aristote y est en double, avant la lettre et au bistre, ainsi que la rarissime estampe de Polyphème par Bartolozzi, avant la lettre et la bordure. Il s'y trouve, en outre, une *lettre autographe* signée de Métastase.

IV. ROMANS.

572. LES AMOURS PASTORALES de Daphnis et Chloé (trad. par Amyot). *S. l.,* 1745, in-8, tiré

in-4, figures du régent (y compris la figure aux petits pieds), mar. rouge à larges dent. tabis, tr. dor. (*Derome.*)

Superbe exemplaire. Reliure à l'oiseau.

573. LES AMOURS PASTORALES de Daphnis et de Chloé, par Longus, double traduction du grec en françois, de M. Amiot et d'un anonyme (le Camus), mises en parallèle, et ornées des estampes originales du fameux B. Audran, gravées aux dépens du feu duc d'Orléans, régent de France, sur les tableaux inventés et peints de la main de ce grand prince, avec un frontispice de Coypel et autres vignettes et culs-de-lampe, gravées par D. Focke sur les dessins de Cochin et de Eisen. *A Paris, imprimées pour les curieux*, 1757, 1 vol. in-4, mar. rouge, large dent. tr. dor. (*Anc. rel.*)

574. LES AMOURS PASTORALES de Daphnis et de Chloé, traduites du grec de Longus par Amyot. *A Paris, imprimé au Louvre par P. Didot l'aîné, an VI* (1798), gr. in-4, mar. citron, large dent. fil. tr. dor.

Un des deux exemplaires imprimés sur PEAU VÉLIN. Les neuf figures de Gérard et Prudhon, avant la lettre, sur papier de Chine, sont fixées sur peau vélin.

575. TITI PETRONII Arbitri Satyricon, ex optimis exemplaribus emendatum. *Parisiis, Ant.-Aug. Renouard*, 1797, 2 vol. in-12, mar. rouge, fil. tabis, non rog.

Imprimé sur PEAU VÉLIN et choisi sur les deux exemplaires qui ont été tirés. L'autre est à la Bibliothèque nationale.

576. Titi Petronii Arbitri Satyricon, ex optimis exemplaribus emendatum. *Parisiis, Ant.-Aug. Renouard*, 1797, 2 vol. in-18, br.

Exemplaire de format in-12, sur papier rose.

577. L'Éloge de la Folie, composé en forme de déclamation par Érasme et traduit par M. Gueudeville, avec les notes de Girard Listre et les belles figures de Holbein : le tout sur l'original de

l'Académie de Basle. Nouvelle édition, revue avec soin et mise dans un meilleur ordre. *Amsterdam, François l'Honoré,* 1728, in-8, demi-rel. mar. bl.

Exemplaire non rogné. Rare dans cette condition.

---

578. **Chronique** de Turpin. *Paris, Silvestre,* 1835, in-4, goth. mar. rouge, fil. tr. dor. (*Bauzonnet.*)

L'un des deux exemplaires sur PEAU VÉLIN.

579. **Les Faictz** merveilleux de Virgille. *S. l. n. d.,* pet. in-8, goth. mar. bl. riches compart. en or, doublé de mar. citron, tr. dor. (*Kœhler.*)

Exemplaire sur PEAU VÉLIN. Réimpression faite par les soins de M. Veinant. Exemplaire d'Audenet.

580. **Le Livre** du très-chevaleureux comte d'Artois et de sa femme, fille au comte de Boulogne, publié d'après les manuscrits et pour la première fois (par Barrois). *Paris, Techener,* 1837, in-4, goth. fig. pap. de Holl. veau fauve, fil. tr. dor. (*Petit.*)

581. La Comtesse de Ponthieu, roman de chevalerie inédit, avec introduction par Alfred Delvau. *Paris, Bachelin-Deflorenne,* 1865, gr. in-8, mar. bl. fil. tr. dor. (*Chambolle-Duru.*)

Exemplaire imprimé sur PEAU VÉLIN.

582. L'Histoire de Palanus, comte de Lyon, mise en lumière, jouxte le manuscrit de la bibliothèque de l'Arsenal, par Alfred de Terrebasse. *Lyon, Louis Perrin,* 1833, gr. in-8, fig. sur bois, mar. citron à comp. tr. dor. (*Kœhler.*)

Exemplaire en papier vélin bleu.

583. **Aucassin et Nicolette** roman de chevalerie provençal-picard, publié par Alfred Delvau. *Paris, Bachelin-Deflorenne,* 1866, in-8, goth. mar. vert, fil. tr. dor. (*Chambolle-Duru.*)

Exemplaire sur PEAU VÉLIN.

584. Œuvres de maître François Rabelais, suivies des remarques publiées en anglois par Le Motteux, et traduites en françois par C. D. M.; nouvelle édition ornée de 76 gravures. *A Paris, chez Ferdinand Bastien, an VI,* 2 vol. in-fol. pap. vél. cart. non rog.

585. Œuvres de Rabelais. *Paris, Th. Desoer,* 1820, 3 vol. in-18, fig. demi-rel. non rog. (*Thouvenin.*)

Un des six exemplaires numérotés dont chaque feuille est d'une couleur différente.

586. RABELAIS. Les Quatre Livres de maître François Rabelais, publiés par les soins de MM. de Montaiglon et Louis Lacour. *Paris, Académie des bibliophiles,* 1868-69, 2 vol. in-8 en feuilles, dans des étuis.

Exemplaire imprimé sur PEAU VÉLIN. L'acquéreur prendra le tome 3e au prix de publication.

587. Catalogue de la bibliothèque de l'abbaye de Saint-Victor au seizième siècle, rédigé par François Rabelais, commenté par le bibliophile Jacob et suivi d'un essai sur les bibliothèques imaginaires par Gustave Brunet. *Paris, J. Techener,* 1862, in-8, br.

Exemplaire en grand papier de Hollande.

588. Rabelais analysé, ou explication de 76 figures gravées pour ses œuvres, par les meilleurs artistes du siècle dernier, augmenté de l'ancienne clef et de celle de Le Motteux, par Francisque Michel. *Paris, J.-N. Barba,* 1830, in-8, cart. non. rog.

Exemplaire sur grand papier vélin, avec les figures sur papier de Chine.

589. Les Songes drolatiques de Pantagruel, où sont contenues plusieurs figures de maistre François Rabelais. *Paris, librairie Tross,* 1869, in-8, en feuilles, cart. 120 planches gravées sur bois.

Exemplaire sur PEAU VÉLIN.

590. Histoires ou contes du temps passé, avec des moralités, par M. Perrault. Nouvelle édition aug-

mentée d'une nouvelle à la fin. *A la Haye*, 1742, in-12, fig. mar. rouge, fil. tr. dor. (*Kœhler.*)

Exemplaire d'Aimé Martin, d'Alfred-Chenest et du comte Le Hon. Tooke a gravé les figures de cette édition.

590 *bis*. Contes du temps passé, par Charles Perrault, contenant les Fées, le Petit Chaperon rouge, Barbe-Bleue, le Chat botté, la Belle au bois dormant, Cendrillon, le Petit Poucet, Riquet à la houppe et Peau d'âne, précédés d'une notice sur Charles Perrault, par M. É. de la Bédollière, illustrés par MM. Pauquet, Marvy, Jeanron, Jacque et Beaucé, texte gravé par Blanchard. *Paris, L. Curmer*, 1843, gr. in-8, jésus vélin, demi-rel.

591. Les Contes de Perrault, dessins par Gustave Doré, préface par P.-J. Stahl. *J. Hetzel et Firmin Didot frères*, 1862, in-fol. pap. Bristol, cart.

592. Les Contes des fées, en prose et en vers, de Charles Perrault. Nouvelle édition, revue et corrigée sur les éditions originales, et précédée d'une lettre critique, par Ch. Giraud, de l'Institut. *Paris, Imprimerie impériale*, 1864, portr. et fig. mar. rouge, large dent. tr. sup. dor. (*Chambolle-Duru.*)

Un des deux exemplaires imprimés sur peau vélin. Ce beau livre renferme les portraits et figures tirés sur peau vélin, les mêmes sur satin, d'autres sur papier de Chine.

Il porte le n° 1er. Le second a été acquis par l'Impératrice.

593. Les Contes des fées en prose et en vers de Charles Perrault, précédés d'une lettre critique par Ch. Giraud. *Lyon, L. Perrin*, 1865, in-8, fig. cartonné.

Exemplaire sur papier chamois.

594. Le Roman bourgeois, ouvrage comique par Antoine Furetière, nouvelle édition avec des notes historiques et littéraires par M. Edouard Fournier, précédé d'une notice par M. Charles Asselineau. *Paris, P. Jannet*, 1854, in-12, mar. rouge, tr. dor. (*Petit.*)

Un des douze exemplaires sur papier de Chine.

595. Le Barbon (par Balzac). *Paris, Aug. Covrbé,* 1648, pet. in-4, front. gr. mar. rouge, tr. dor. (*Thompson.*)

Exemplaire en grand papier.

596. Les Amours de Psyché et de Cupidon, avec le poëme d'Adonis, par la Fontaine. Édition ornée de figures dessinées par Moreau le jeune et gravées sous sa direction. *Paris, de l'impr. de Didot le jeune, l'an III,* in-4, mar. rouge, dent. tr. dor. (*Bozérian.*)

Exemplaire en grand papier vélin, avec une triple suite, avec la lettre, avant la lettre et eaux-fortes, des figures de l'édition. Le portrait gravé par Audouin, d'après Rigault, est avant la lettre et accompagné de l'eau-forte.

597. SUITE DU QUATRIÈME LIVRE DE L'ODYSSÉE D'HOMERE, ou les Aventures de Télémaque, fils d'Ulysse. *A Paris, chez la veuve Claude Barbin,* 1699, in-12, mar. vert, tr. dor. (*Janséniste Duru.*)

Très-bel exemplaire de l'édition originale, s'arrêtant à la page 208.

598. Les Aventures de Télémaque, fils d'Ulysse, composées par feu messire François de Salignac de la Motte Fénelon. *Amsterdam, Wetstein,* 1725, in-12 réglé, fig. dos et coins de mar. rouge.

Non rogné. Exemplaire de Mac-Carthy.

599. Les Avantures de Télémaque (par Fénelon). *Amsterdam, Wetstein,* 1734, in-fol. fig. de Bernard Picart et autres, mar. rouge, large dent. fil. tr. dor. (*Derome.*)

Très-bel exemplaire. Édition tirée à 150 exemplaires.

600. LES AVENTURES DE TÉLÉMAQUE, par Fénelon. (*Paris*), *de l'imprimerie de Monsieur,* 1785, 2 tom. en 4 vol. gr. in-4, mar. rouge, dent. tabis, tr. dorée.

Un des quatre exemplaires imprimés sur PEAU VÉLIN. Les figures sont lavées à l'encre de Chine et des titres ont été imprimés exprès pour le partage des deux volumes en quatre.

601. Les Aventures de Télémaque, fils d'Ulysse, par François de Salignac de la Mothe-Fénelon. *Paris,*

de l'impr. de P. Didot l'aîné, 1796, 4 vol. in-18, cart. non rog.

Exemplaire en grand papier vélin, orné de quatre portraits de Fénelon, des figures de Queverdo avant et avec la lettre, et de celles de Lefèvre avant la lettre et eaux-fortes.

602. Mémoires du comte de Grammont, par le comte Antoine Hamilton. Nouvelle édition, augmentée de notes et d'éclaircissements nécessaires, par Horace Walpole. *Imprimée à Strawberry-Hill,* 1772, in-4, portr. cuir de Russie, dent. tr. dor. (*Thouvenin.*)

Édition rare, tirée à 100 exemplaires.

603. Relation de l'isle de Bornéo. *En Europe,* 1807, in-12, portr. mar. rouge, fil. tr. dor. (*Bozérian.*)

Un des trois exemplaires imprimés sur peau vélin.

604. Relation de l'isle de Bornéo. *En Europe,* 1807, in-12, mar. bl. fil.

Exemplaire tiré sur soie. — Exemplaire de Renouard.

605. Le Temple de Gnide. Arsace et Isménie, par Montesquieu. *Paris, Didot jeune, l'an III,* 1 tom. en 2 vol. in-18, mar. bleu, doré en plein, doublés de moire, tr. dor. (*Bozérian.*)

Exemplaire imprimé sur peau vélin. Il est orné de trois dessins originaux, du portrait de Montesquieu par Saint-Aubin, de plusieurs portraits et des gravures avant la lettre et eaux-fortes.

Ces deux volumes ont appartenu à Renouard.

L'un d'eux a depuis appartenu à M. Double. (Voir le catalogue de Renouard, n° 2011, et le catalogue Double, n° 311.)

606. Le Diable boiteux, par Le Sage, illustré par Tony Johannot, précédé d'une notice sur Le Sage, par M. Jules Janin. *Paris, Ernest Bourdin,* 1840, 1 vol. tr.-gr. in-8, cart. non rog.

Exemplaire imprimé sur papier de Chine.

607. Le Diable boiteux, par Le Sage. *Paris, Jouaust,* 1868, in-8, en feuilles.

Exemplaire sur peau vélin et dans un étui.

608. Histoire de Gil Blas de Santillane, par Le Sage. *Londres, Longman* (*de l'imprimerie de*

T. Davison), 1809, 4 vol. gr. in-8, tirés gr. in-4, pap. vélin, cart. non rog.

Figures de Smirke, sur chine.

609. Histoire de Manon Lescaut et du chevalier des Grieux, par l'abbé Prévost, édition illustrée par Tony Johannot, précédée d'une notice historique sur l'auteur, par Jules Janin. *Paris, Ernest Bourdin et compagnie, s. d.*, 1 vol. tr.-gr. in-8.

Exemplaire sur papier de Chine.

610. MANON LESCAUT, par l'abbé Prévost. *Paris, Jouaust*, 1867, in-8, en feuilles dans un étui.

Exemplaire imprimé sur PEAU VÉLIN.

611. ÉMILE, ou de l'Éducation, par J.-J. Rousseau. *Paris, P. Didot l'aîné,* 1808, 3 vol. gr. in-18, reliés en vélin vert, non rog. dans des étuis.

Un des deux exemplaires imprimés sur PEAU VÉLIN.

612. LES AVENTURES du chevalier de Faublas, par Louvet de Couvray, édition illustrée de 300 dessins par Baron, Français et C. Nanteuil, préc. d'une notice par Philipon de la Madelaine. *Paris,* 1842, 2 vol. gr. in-8, texte encadré, fig. riche rel. en mar. vert du Levant, à nerfs, fil. compart. dent. dos orné, tr. dor. (*Petit, succ. de Simier.*)

Très-bel exemplaire, auquel on a ajouté 81 gravures rares et curieuses sur papier de Chine et avant la lettre et eaux-fortes.

613. LE PAYSAN PERVERTI, ou les dangers de la ville; histoire récente, mise au jour d'après les véritables lettres des personnages, par E.-N. Rétif de la Bretonne. *Imprimé à la Haie et se trouve à Paris, chés Esprit, libraire de S. A. S. monseigneur le duc de Chartres, au Palais-Royal, sous le vestibule, au pied du grand escalier,* 1786, 4 vol. in-12, fig. — LA PAYSANNE PERVERTIE, ou les dangers de la ville; histoire d'Ursule R***, sœur d'Edmond le Paysan, mise au jour d'après les véritables lettres des personnages, par l'auteur du Paysan perverti. *Imprimé à la Haie et se trouve à Paris, chés la*

dame veuve Duchesne, libraire, en la rue Saint-Jaques, au Temple du Goût, 1784, 4 vol. in-12, figures.

Exemplaire broché, non rogné. Très-belles épreuves.

614. JOSEPH, poëme, par M. Bitaubé, quatrième édition. *Paris, de l'impr. de Didot l'aîné*, 1786, 2 vol. in-8, mar. bleu, doublé de moire, non rog.

Imprimé sur PEAU VÉLIN.

Cet exemplaire a appartenu à Renouard et à M. Double. Il est orné du dessin original et du portrait par Cochin, DES NEUF DESSINS ORIGINAUX DE MARILLIER, avec les gravures avant la lettre et eaux-fortes, de deux sujets coloriés sur peau vélin, de plusieurs portraits de Bitaubé, et de quatre autres estampes, dont celle d'après Rembrandt.

615. JOSEPH, par M. Bitaubé. *A Paris, de l'impr. de Didot l'aîné*, 1786, in-8, mar. rouge, fil. tr. dor. (*Capé.*)

Exemplaire sur papier vélin, avec les suites de figures de Marillier et de Martinet et les deux portraits par Cochin et Chasselat.

616. OLLIVIER, poëme, par Cazotte. *A Paris, de l'impr. de Pierre Didot l'aîné, an VI*, 1798, 2 vol. gr. in-18, reliés en vélin vert, non rog.

Un des deux exemplaires imprimés sur PEAU VÉLIN.

Les figures sont avant la lettre et eaux-fortes. Portrait ajouté.

617. CONTES MORAUX et nouvelles idylles de D... (Diderot) et Salomon Gessner. *A Zuric, chez l'auteur*, 1773, 2 vol. in-4, fig. avant la lettre, mar. vert, dent. doublé de moire cerise, tr. dor. (*Bozérian.*)

Exemplaire du comte de la Bédoyère. (Vente de 1861.)

618. OEUVRES DE SALOMON GESSNER. *Paris, chez Ant.-Aug. Renouard*, 1795, 4 vol. in-8, mar. rouge, large dent. mosaïque, doublé de moire bleue, tr. dor. (*Bozérian.*)

Exemplaire en grand papier vélin, qui a appartenu à Renouard et au baron Ernouf. Il est orné des figures de Moreau avant la lettre et eaux-fortes, et d'une multitude de pièces doubles offrant des différences ou des corrections dont plusieurs sont de la main de Moreau.

Cet exemplaire est le seul qui contienne ces divers essais, et il est, en outre, enrichi de beaucoup de vignettes par Marillier, Borel et Eisen, qui portent à 186 le nombre des gravures dont il est illustré. (Voir le n° 239.)

619. Paul et Virginie, par Jacques-Henri Bernardin de Saint-Pierre. *A Paris, de l'imprimerie de P. Didot l'aîné,* 1806, in-fol. pap. vélin, cart. non rogné.

Suite des figures de Girodet, avant la lettre et tirées en couleurs. Suite des figures de Moreau, tirées in-fol. et coloriées.

620. Paul et Virginie, par J.-H. Bernardin de Saint-Pierre. *Paris, L. Curmer,* 1838, gr. in-8, jésus vélin, cart. non rog.

Figures et portraits sur chine.

621. Paul et Virginie, par Bernardin de Saint-Pierre. *Paris, Curmer,* 1838, gr. in-8, demi-rel. dos et coins mar. br.

Figures et portraits sur chine.

622. Paul et Virginie, par Bernardin de Saint-Pierre, précédé d'une préface par Jules Janin et orné de quatre eaux-fortes par Foulquier. *Paris, Jouaust,* 1869, in-8, en feuilles dans un étui.

Exemplaire sur peau vélin.

623. Atala, par le vicomte de Chateaubriand, avec les dessins de Gustave Doré. *Paris, L. Hachette,* 1863, in-fol. pap. de Bristol, cart.

624. Le Comte de Valmont, ou les égarements de la raison. *Paris, Bossange,* 1807, 6 vol. in-8, mar. rouge, figures doubles avant la lettre et eaux-fortes, pap. vél. demi-rel.

625. Le Prêtre marié, épisode de la Révolution française, par le comte de Poligny, précédé d'une introduction par Charles Nodier. *Paris, J. Techener,* 1863, gr. in-12, pap. vélin, mar. vert, fil. tr. dor. (*Niedrée.*)

626. Contes de Charles Nodier. Eaux-fortes par Tony Johannot. *Paris, Lecou et Hetzel,* 1846, tr. gr. in-8, jésus vélin, demi-rel. mar. rouge, non rog. tr. sup. dor. (*Gruel.*)

627. L'Ane mort, par Jules Janin, édition illustrée par Tony Johannot. *Paris, Ernest Bourdin,* 1842, gr. in-8, cart.

Exemplaire imprimé sur papier de Chine.

628. Cinq-Mars, ou une conjuration sous Louis XIII, par le comte Alfred de Vigny. *Paris, Charles Gosselin,* 1833, 2 vol. in-8, mar. brun, à comp. tr. dor. (*Simier.*)

629. Victor Hugo. Notre-Dame de Paris, édition illustrée d'après les dessins de MM. de Beaumont, L. Boulanger, Daubigny, T. Tohannot, de Lemud, Meissonnier, C. Roqueplan, de Rudder, Steinheil, gravés par les artistes les plus distingués. *Paris, Perrotin,* 1844, tr.-gr. in-8, jésus vélin, demi-rel. dos de mar. noir.

Édition devenue rare.

630. Les Contes drolatiques colligez ez abbayes de Touraine et mis en lumière par le sieur de Balzac pour l'esbattement des pantagruélistes et non aultres, cinquiesme édition illustrée de 425 dessins par Gustave Doré. *Se trouve à Paris, ez bureaux de la Société générale de librairie,* 1855, in-8, mar. vert, fil. non rog. tr. sup. dor. (*Petit.*)

Un des six exemplaires sur papier de Chine.

631. Le Roi des montagnes, par Edmond About, cinquième édition, illustrée par Gustave Doré. *Paris, L. Hachette et compagnie,* 1861, gr. in-8, jésus vélin, dos et coins mar. rouge, non rog. tr. sup. dorée.

632. Oméga, par M. le comte Horace de Viel-Castel. *Paris, Techener, s. d.,* in-8, br.

Papier chamois, titre en or, figures coloriées, rehaussées d'or.

---

633. LE DÉCAMÉRON DE JEAN BOCCACE, trad. par Le Maçon. *Londres* (*Paris*), 1757, 5 vol. in-8, pap. de Holl. fig. mar. rouge, fil. tr. dor. (*Anc. reliure.*)

634. Sept petites Nouvelles de Pierre Arétin, concernant le jeu et les joueurs, traduites en français pour la première fois et précédées d'une étude sur l'auteur et sur divers conteurs italiens, par Philomneste Junior. *Paris, Jules Gay,* 1861, in-12, mar. vert, fil. tr. dor. (*Chambolle-Duru.*)

Un des deux exemplaires imprimés sur PEAU VÉLIN.

635. L'Alcibiade Fanciullo a scoia. *Paris,* 1862, in-12, mar. citron, fil. tr. dor. (*Masson-Debonnelle.*)

Réimpression, tirée à 100 exemplaires, de l'édition imprimée à Orange par Juann Vvart, en 1652.
Cet exemplaire est l'un des deux sur PEAU VÉLIN.

636. Histoire de Don Pablo de Ségovie, surnommé l'aventurier Buscon, par Don Francisco de Quevedo-Villegas, traduite de l'espagnol et annotée par A. Germond de Lavigne, précédée d'une lettre de M. Charles Nodier de l'Académie française; vignettes de Henri Emy, gravées par A. Baulant. *Paris, Charles Warée,* 1843, in-8, br.

Exemplaire sur papier vélin bleu.

637. L'Ingénieux hidalgo Don Quichotte de la Manche, par Cervantès, trad. de Louis Viardot, avec les dessins de Gust. Doré. *Paris, Hachette,* 1863, 2 vol. in-fol. mar. bl. fil. et mosaïques tr. dor. (*Petit.*)

638. Tom Jones, ou histoire d'un enfant trouvé, par Fielding, traduction nouvelle et complète (par le comte de la Bédoyère), ornée de douze gravures en taille-douce. *Paris, Firmin Didot,* 1833, 4 vol. in-8, dos et coins mar. rouge, non rog. tr. sup. dor. (*Kœhler.*)

Exemplaire en grand papier vélin, orné : 1° de la suite, avant la lettre, sur papier de Chine, des 12 figures de Moreau; 2° de celle de Choquet, avant la lettre, sur papier de Chine; 3° de celle de Tony Johannot, sur papier de Chine; 4° de celle de Corbould; 5° de celle de Borel, avant la lettre; 6° de celle d'Urwins; 7° de 4 portraits de Fielding; 8° de ceux de Littleton, d'Hogarth, de Shakespeare, d'Addisson, de Butler, de Bayle, de Pope, etc. En tout 77 pièces.

639. Le Vicaire de Wakefield par Goldsmith, traduction nouvelle, précédée d'une notice sur la vie et les ouvrages de Goldsmith et suivie de notes par Charles Nodier, de l'Académie française. Dix vignettes dessinées par T. Johannot, gravées sur acier par Revel. *Paris, V. Lecou et Hetzel, s. d.*, gr. in-8, jésus vélin, demi-rel. mar. rouge, non rog. tr. sup. dor. (*Gruel.*)

640. Les Souffrances du jeune Werther, par Goëthe, traduites par le comte Henri de la B... (Bédoyère), seconde édition. *Paris, de l'imprimerie de Crapelet*, 1845, gr. in-8, mar. vert, fil. tr. dor. (*Trautz-Bauzonnet.*)

Exemplaire unique imprimé sur PEAU VÉLIN. Il est orné des quatre dessins originaux de Tony Johannot, des figures avant la lettre sur papier blanc, sur papier de Chine et eaux-fortes, d'un portrait de Gœthe avant la lettre, et de la gravure sur monument de cet homme célèbre, d'après Dielmann.

Ce livre précieux provient de la bibliothèque du comte de la Bédoyère et de celle de M. Desq.

641. Les Souffrances du jeune Werther, par Goëthe, traduites par le comte Henri de la B... (Bédoyère), seconde édition. *Paris, de l'impr. de Crapelet*, 1845, gr. in-8, dos et coins mar. rouge, non rog. tr. sup. dor. (*Petit.*)

Exemplaire en grand papier vélin, orné d'une quadruple suite des figures de l'édition, avec la lettre sur papier blanc, avant la lettre sur papier blanc et sur papier de Chine, eaux-fortes sur chine. On y a joint les figures de Moreau avant la lettre, et celles de Duplessis-Bertaux, d'après Berthon, avant lalettre.

642. Werther, par Goëthe, traduction nouvelle précédée de considérations sur Werther, et en général sur la poésie de notre époque, par Pierre Leroux, accompagnée d'une notice par George Sand. Dix eaux-fortes par Tony Johannot. *Paris, V. Lecou et Hetzel, s. d.*, gr. in-8, jésus vélin, demi-rel. mar. rouge, non rog. tr. sup. dorée. (*Gruel.*)

643. Le Robinson suisse traduit de l'allemand de Wyss, par Mme Élise Voiart, précédé d'une introduction de M. Charles Nodier, orné de 200 vi-

gnettes d'après les dessins de M. Ch. Lemercier. *Paris, Lavigne*, 1841, gr. in-8, br.

Exemplaire imprimé sur papier de Chine.

644. Zuleima, par Caroline Pichler, imité de l'allemand par H. de C. (Châteaugiron). *Paris, impr. de Firmin Didot*, 1825, in-8, br.

Un des trente exemplaires tirés sur grand papier vélin pour les membres de la Société des bibliophiles. Celui-ci porte un envoi autographe du marquis de Châteaugiron à l'abbé de la Bouderie.

645. Les Mille et une Nuits, contes arabes, traduits en français par Galland; nouvelle édition, revue, accompagnée de notes, augmentée de plusieurs contes traduits pour la première fois, ornée de 21 gravures, et publiée par M. Édouard Gauttier. *Paris, Collin de Plancy*, 1822, 7 vol. in-8, cart. non rog.

Seul exemplaire tiré sur papier n jaune. Les figures sont avant la lettre, sur papier de Chine.

V. FACÉTIES. — DISSERTATIONS SINGULIÈRES.

ANAS, PROVERBES, DISCOURS ET ENTRETIENS.

646. Discours facétieux des hommes qui font saller leurs femmes à cause qu'elles sont trop douces. *Rouen, A. Cousturier, s. d.*, in-8, fig. sur bois, mar. rouge, riche comp. à petits fers, doublé de mar. vert, dent. non rog. (*Kœhler.*)

Un des deux exemplaires sur PEAU VÉLIN de l'édition faite par Pinard en 1830. La reliure de Kœhler, remarquable par la richesse des ornements, a figuré à l'Exposition de 1834.

647. L'Enfer de la mère Cardine, traitant de la crvelle et terrible bataille qui fut aux enfers, entre les diables et les maquerelles de Paris, aux nopces du portier Cerberus et de Cardine, qu'elles vouloyent faire royne d'enfer; et qui fut celle d'entr'elles qui donna le signal de la trahyson, etc. — Outre plus est adioustée vne chanson de certaines bourgeoises de Paris, qui feignant d'aller

en voyage furent surprinses au logis d'une maquerelle, à S. G. des Prez. *S. l.* 1597. — Déploration et complaincte de la mère Cardine de Paris, cy deuant gouvernante du huleu, sur l'abolition d'iceluy : trovvée après le deceds d'icelle Cardine en vn escrain auquel estoient ses plus privez et pretieux secretz, tiltres de ses qualitez authentiques, receptes souveraines, compostes, anthidotes, beaulmes, fards, boestes, ferrements et vstensiles seruants audict estat dudit mestier. *S. l.*, 1570. — Ban de quelques marchands de graines à poil, et d'aucunes filles de Paris, 1570, 1 vol. gr. in-8, mar. jaune, fil. doublé de mar. bleu, à comp. tr. dorée.

Réimpression.
Exemplaire imprimé sur PEAU VÉLIN. Il a appartenu à M. Desq.

648. Les Évangiles des Quenouilles, nouvelle édition, revue sur les éditions anciennes et les manuscrits, avec préface, glossaire et table analytique. *Paris, P. Jannet,* 1855, in-12, mar. vert, fil. tr. dor. (*Petit.*)

Un des douze exemplaires sur papier de Chine.

649. LE TRACAS de la foire du Pré, facétie normande attribuée à Gaultier Garguille. *Turin, Gay*, 1869, in-8, tiré in-4, br.

Exemplaire sur PEAU VÉLIN.

650. Recueil des chevauchées de l'asne faites à Lyon en 1566 et 1578, augmenté d'une complainte inédite du temps sur les maris battus par leurs femmes, précédé d'un avant-propos sur les fêtes populaires en France. *Lyon, N. Scheuring*, 1862, pet. in-8, pap. teinté, fig. broché.

651. LE MOYEN DE PARVENIR : contenant la raison de tout ce qui a été, est et sera. Dernière édition, exactement corrigée et augmentée d'une table des matières. *Nulle Part,* 100070038, 2 vol. pet. in-12, mar. citron, fil. et coins tr. dor. (*Gruel.*)

Relié sur brochure.

652. Les Caquets de l'accouchée, nouvelle édition revue sur les pièces originales et annotée par M. Édouard Fournier, avec une introduction par M. Le Roux de Lincy. *Paris, P. Jannet,* 1855, in-12, mar. bleu, fil. tr. dor. (*Petit.*)

Un des douze exemplaires sur papier de Chine.

653. Sur l'Enlèvement des reliques de sainct Fiacre apportées de la ville de Meaux, pour la guérison du Q. de M. le cardinal de Richelieu. *En Anvers,* 1643, 1 vol. pet. in-12, dos et coins mar. bleu, tr. dorée.

Un des deux exemplaires sur PEAU VÉLIN pourpre de cette réimpression fa en 1858 par J. Claye.

654. INSTRUCTION donnée aux frères tailleurs des capucins par leurs supérieurs pour placer les poches des religieux de l'ordre. *S. l. n. d.* (*Mons, Nojois Derely*), in-4, de 8 pages.

Exemplaire imprimé sur PEAU VÉLIN, de cette facétie publiée par Delmotte et tirée en tout à 25 exemplaires numérotés.

655. CATALOGUE d'une très-riche mais peu nombreuse collection de livres, provenant de la bibliothèque de feu M. le comte de Fortsas. *Bruxelles, Van Tright, s. d.*, in-8, cart.

L'un des deux exemplaires sur PEAU VÉLIN.

---

656. DE TRIBUS IMPOSTORIBUS, M.D.IIC. Texte latin, collationné sur l'exemplaire du duc de la Vallière, aujourd'hui à la Bibliothèque impériale, augmenté de variantes de plusieurs manuscrits, etc., et d'une notice philologique et bibliographique par Philomneste Junior. *Paris, Jules Gay,* 1861, pet. in-12, mar. bleu, fil. tr. dorée. (*Chambolle-Duru.*)

Un des deux exemplaires imprimés sur PEAU VÉLIN.

657. ÉLOGE DE L'ENFER. Ouvrage critique, historique et moral. *La Haye, Pierre Gosse,* 1759, 2 vol. in-12, fig. mar. bleu, fil. tr. dor. (*Padeloup.*)

Exemplaire en grand papier.

658. Devx Traittez contre les bastelevrs, iovevrs de farces, pippeurs de detz et de cartes. Faictz françois du latin de S. Cecile Cyprian, euesque de Carthage, tres uictorieux martyr de Iesus Christ, par M. Iacques Tigeou, Angeuin, docteur en theologie, chancelier et chanoine en l'Eglise cathedrale de Metz. *Paris, Nicolas Chesneau*, 1578, in-12, mar. bleu, dent. tr. dor. (*Anc. rel.*)

659. Les Loix de la galanterie (1644). *Paris, Aug. Aubry*, 1855, pet. in-8, br.

Un des dix exemplaires sur papier de couleur. Celui-ci est tiré sur papier vélin vert.

660. Pogonologie, ou Histoire philosophique de la barbe, par M. J. A. D***. *A Constantinople, et se trouve à Paris, chez Le Jay*, 1786, in-12, front. gr. veau fauve, fil. tr. dor.

661. Les Chats, par Moncrif. *Paris, Quillau*, 1740. — Les Rats, pour servir à l'histoire universelle (par Segrais). *Rotterdam, s. d.*, 2 tom. en 1 vol. in-8, fig. mar. rouge, dent. tr. dor. (*Anc. rel.*)

Aux armes de Mesdames de France.

662. Amusements philologiques, ou variétés en tous genres; troisième édition, revue, corrigée et augmentée, par G. P. Philomneste, A. B. (Gabriel Peignot). *Dijon, Lagier*, 1842, in-8, br.

Exemplaire en grand papier de Hollande.

663. Choix de testaments anciens et modernes, par G. Peignot. *Dijon, V. Lagier*, 1829, 2 vol. in-8, broché.

664. Recueil d'opuscules de Peignot. *Dijon*, 1827-1841, 2 vol. in-8, demi-rel.

1° Catalogue de la bibliothèque des ducs de Bourgogne.
2° Souvenirs relatifs à quelques bibliothèques du temps passé.
3° Les Bourguignons salés.
4° De l'Origine de la semaine.
5° De la Philotésie ou usage de boire à la santé.
6° Recherches sur l'instrument de pénitence appelé discipline.
7° De la Liberté de la presse à Dijon.
8° Du Dicton populaire : *Faire ripaille*.
9° La Selle chevalière.

10° Recherches sur le mot *Pontife.*
11° Recherches sur le tombeau de Virgile.
12° Souvenirs relatifs à Saint-Paul de Londres.
13° De Pierre Arétin.
14° L'Illustre Jaquemart de Dijon.
15° Documents sur les dépenses de Louis XIV.
16° Recherches sur le luxe des Romains.

665. La Petite Revue. *Paris, Pincebourde,* 1863-66, 12 vol. in-12, br.

Rare.

---

666. Ciceroniana, ou Recueil des bons mots et apophthegmes de Cicéron, suivi d'anecdotes et de pensées tirées de ses ouvrages, et précédé d'un abrégé de son histoire, avec des notes. *Lyon, impr. de Ballanche,* 1812, in-8, demi-rel.

Tiré à 100 exemplaires. Portrait de Cicéron, par Saint-Aubin, ajouté.

667. Dialogues des morts, par mylord Lyttelton, traduction nouvelle faite sur la quatrième édition. *Amsterdam, Magerus,* 1767, in-8, pap. de Holl. mar. rouge, large dent. tr. dor. (*Anc. rel.*)

Exemplaire de Mac-Carthy, de Pixerécourt et du baron Taylor.

668. Proverbes et dictons populaires, avec les dits du mercier et des marchands, et les crieries de Paris, aux XIIIe et XIVe siècles, publiés d'après les manuscrits de la Bibliothèque du roi, par G.-A. Crapelet. *A Paris, de l'imprimerie de Crapelet,* 1831, gr. in-8, cart.

Un des sept exemplaires tirés sur grand papier jésus de Hollande, avec les fac-simile sur PEAU VÉLIN.

669. LA RUELLE mal assortie, ou entretiens amoureux d'une dame éloquente avec un cavalier gascon, plus beau de corps que d'esprit, par Marguerite de Valois. *Paris, Aubry,* 1855, pet. in-8, mar. citron, fil. tr. dor. (*Duru.*)

Exemplaire sur PEAU VÉLIN.

670. LES JEUX D'ESPRIT, ou la promenade de la comtesse de Conti à Eu, par mademoiselle de la Force, publiés pour la première fois par le mar-

quis de la Grange. *Paris*, *Aubry*, 1862, pet. in-8, mar. rouge, fil. (*Capé.*)

Exemplaire sur PEAU VÉLIN.

671. Les Jeux d'esprit, ou la promenade de la princesse de Conti à Eu, par mademoiselle de la Force, publiés pour la première fois avec une introduction par M. le marquis de la Grange. *Paris, Aug. Aubry*, 1862, pet. in-8, br.

Un des huit exemplaires sur papier chamois.

VI. ÉPISTOLAIRES.

672. LETTRES D'HÉLOÏSE ET D'ABAILARD, édition ornée de huit figures gravées par les meilleurs artistes de Paris, d'après les dessins et sous la direction de Moreau le jeune. *Paris, J.-B. Fournier, de l'imprimerie de Didot le jeune, an IV* (1796 ,v. s.), 3 vol. gr. in-4, mar. bleu, dent. tr. dor. (*Bozérian.*)

Exemplaire en grand papier vélin avant la lettre et eaux-fortes. Il provient de la bibliothèque de Pixerécourt.

673. Trois Lettres d'Alix de Champé, dame de Vendières, au duc de Lorraine, Raoul le Vaillant, M.CCC.XXXIV et M.CCC.XLVI, et de l'abbaye de Beaupré, sépulture ducale. *Nancy*, *Cayon-Liébault*, 1838, in-4, pap. fort, fig.

Tiré à 100 exemplaires.

674. Lettres intéressantes du pape Clément XIV (Ganganelli). *A Paris, chez Lottin*, 1776, 2 vol. in-12, front. gravé, mar. r. fil. tr. dor. (*Anc. rel.*)

675. LETTRES DE MADAME DE SÉVIGNÉ, édition revue et publiée par Silvestre de Sacy. *Paris, Techener*, 1861, 11 vol. pet. in-8, mar. puce, fil. non rog. (*Hardy-Mennil.*)

Magnifique exemplaire sur papier de Hollande, orné de 254 dessins de B. Bauderval et autres, représentant les amis de Mme de Sévigné, les dames de la cour et autres célébrités de l'époque, et de 295 portraits et vues, gravés par Ficquet, Schmidt, Desrochers, Petitot et autres ; en tout 549 pièces.

676. Lettres de madame de Sévigné, de sa famille et de ses amis, recueillies et annotées par M. de Monmerqué, nouvelle édition revue sur les autographes, les copies les plus authentiques et les plus anciennes impressions et augmentée de lettres inédites, d'une nouvelle notice, d'un lexique des mots et locutions remarquables, de portraits, vues et fac-simile, etc. *Paris, L. Hachette et compagnie,* 1862, 12 vol. gr. in-8, br. (*Avec suppl. et album.*)

Exemplaire en grand papier vélin, portant le n° 94 des 150 tirés sur ce papier.

VII. COLLECTIONS ET POLYGRAPHES.

677. COLLECTION DES POÉSIES, romans, chroniques, etc., publiés d'après d'anciens mss. et d'après des éditions des xve et xvie siècles. *Paris, Silvestre,* 1838-58, 24 vol. gr. in-16, mar. rouge, milieux ornés, non rog. (*Capé.*)

Très-bel exemplaire, imprimé sur PEAU VÉLIN.

678. COLLECTION DES BIBLIOPHILES LYONNAIS. *Lyon,* 1846, 7 vol. pet. in-8, pap. de Bristol, dos et coins mar. rouge, non rog. tr. sup. dor. (*Capé.*)

Rare. Tiré à 25 exemplaires. Celui-ci est le n° 9 et a appartenu à M. Coste.

679. OEuvres complètes du roi René, avec une biographie et des notices par M. le comte de Quatrebarbes, et un grand nombre de dessins et ornements, d'après les tableaux et manuscrits originaux par M. Hawke. *Angers, Cosnier et Lachèse,* 1845, 4 tom. en 2 vol. gr. in-4, dos et coins mar. vert, non rog.

680. OEuvres de Monsieur Scarron, nouvelle édition, revue, corrigée et augmentée de l'histoire de sa vie et de ses ouvrages, d'un discours sur le style burlesque, et de quantité de pièces omises dans

les éditions précédentes. *Amsterdam, J. Wetstein*, 1757, 7 vol. pet. in-12, fig.

Exemplaire broché, non rogné. Rare en cette condition.

681. Œuvres mêlées et posthumes de Montesquieu. *Paris, P. Didot l'aîné*, 1807, 2 vol. gr. in-18, reliés en vélin vert, non rog. dans des étuis.

Un des deux exemplaires imprimés sur PEAU VÉLIN.

Ces deux volumes comprennent *Arsace et Isménie, le Temple de Gnide, Essai sur le goût*, etc.

On y a joint plusieurs portraits de Montesquieu, des gravures avant la lettre pour le *Temple de Gnide* et *Arsace et Isménie*.

682. Recueil de pièces de littérature. *A Clermont-Ferrand, de l'imprimerie de Pierre Boutaudon*, 1748, in-8, mar. rouge, fil. parsemé de fleurs de lis, tr. dor. (*Anc. rel.*)

683. OEuvres de monsieur de Moncrif, lecteur de la reine. *Paris, Brunet*, 1751, 3 vol. in-12, portr. et fig. veau fauve, fil. tr. dor.

Très-bel exemplaire, avec une quadruple suite de portraits et de figures, tirés en vert, en noir, en rouge et en bleu.

684. OEUVRES DE CONDILLAC, revues, corrigées par l'auteur, imprimées sur ses manuscrits autographes, et augmentées de la langue des calculs, ouvrage posthume. *A Paris, de l'impr. de Ch. Houel*, 1798, 23 vol. in-8, portr. mar. rouge, dent. tr. dor. (*Bozérian.*)

Superbe exemplaire en grand papier vélin.

685. OEuvres de Florian. *Paris, Ant.-Aug. Renouard*, 1820, 16 vol. in-12, cart. non rog.

Exemplaire sur papier rose, orné de la triple suite, avant la lettre, sur papier rose, sur papier de Chine, et eaux-fortes sur papier de Chine des quatre-vingts figures de Moreau et Desenne. On y a joint plusieurs pièces doubles, des portraits, etc. En tout 260 pièces.

686. Œuvres du marquis de Villette. *A Edimbourg, et se trouve à Paris, chez Clousier*, 1788, in-8, mar. vert, dent. tr. dor.

Exemplaire en papier de Hollande.

687. OEuvres de Savary (lettres sur l'Égypte, lettres sur la Grèce, le Koran, etc.). *Paris, Bleuet,* 1798, 6 vol. in-8, fig. et cartes, cart.

Seul exemplaire en très-grand papier vélin. Il provient de la bibliothèque de Renouard, qui l'avait acheté à la vente de Bleuet.

688. LETTRES A ÉMILIE SUR LA MYTHOLOGIE, par C.-A. Demoustier. *Paris, A.-A. Renouard,* 1809, 6 vol. in-12. — OEuvres de C.-A. Demoustier: Cours de morale; les Consolations; Opuscules en vers et en prose; Théâtre. *Paris, A.-A. Renouard,* 1804, 5 vol. in-12, portr. ajoutés. — Ensemble, 11 vol. mar. rouge, dent. doublé de tabis, n. rog. (*Bozérian.*)

Exemplaire UNIQUE imprimé sur PEAU VÉLIN, provenant de la bibliothèque de RENOUARD. Les *Lettres à Émilie* sont ornées de 37 DESSINS ORIGINAUX de MONNET, faits pour l'édition de 1801 ; de la suite des figures de Moreau, épreuves avant la lettre et eaux-fortes sur papier de Chine ; de six dessins d'HUBER ; de la suite des figures de Coiny, avant la lettre, sur chine, et d'un grand nombre de portraits avant la lettre.

689. OEUVRES DE CASIMIR DELAVIGNE. *Paris, Furne,* 1833-1845, 8 vol. gr. in-8, veau fauve, fil. tr. dor. (*Bauzonnet-Trautz.*)

Exemplaire sur papier vélin, avec les figures avant la lettre sur papier de Chine. On y a joint plusieurs portraits et estampes.

---

690. OEUVRES COMPLÈTES d'Alexandre Pope. *Paris, veuve Duchesne,* 1779, 8 vol. in-8, mar. rouge, fil. tabis, tr. dor. (*Anc. rel.*)

Exemplaire en papier de Hollande.

HISTOIRE.

I. VOYAGES.

691. Voyage fait par ordre du roi en 1768 et 1769, en différentes parties du monde, pour éprouver en mer les horloges marines inventées par Ferdinand Berthoud, par d'Éveux de Fleurieu. *Paris, Impr. royale*, 1773, 2 vol. in-4, fig. mar. rouge, fil. tr. dor. (*Anc. rel. avec armoiries.*)

692. ITINERARIUM THOMÆ CARVE, nova editio. *Londini*, 1859, gr. in-8, portr. demi-rel.

Exemplaire imprimé sur PEAU VÉLIN.

693. VOYAGES LITURGIQUES de France, ou Recherches faites en diverses villes du royaume, par le sieur de Moléon, contenant plusieurs particularitez touchant les rites et les usages des églises, avec des découvertes sur l'antiquité ecclésiastique et payenne. *Paris, Florentin Delaulne*, 1718, in-8, fig. mar. vert russe, tr. dor. janséniste. (*Duru.*)

694. VOYAGES DE PIRON à Beaune, seule relation complète et en partie inédite, accompagnée pour la première fois de toutes les pièces accessoires, publiée sur les manuscrits autographes originaux, avec une introduction et des notes par Honoré Bonhomme. *Paris, Jules Gay*, 1863, pet. in-12, mar. vert, fil. tr. dor. (*Chambolle-Duru.*)

Un des deux exemplaires sur PEAU VÉLIN de cette édition tirée à cent exemplaires numérotés.

695. Journal d'un voyage en Savoie et dans le midi de la France en 1804 et 1805, par L.-C.-Henri de la Bédoyère; seconde édition revue, corrigée, augmentée d'un appendice et ornée d'une gravure en

taille-douce d'après Moreau le jeune. *Paris, de l'impr. de Crapelet,* 1849, gr. in-8, br.

Un des dix exemplaires en papier de Hollande. La figure est avant la lettre sur chine et accompagnée de son eau-forte.

696. Voyage pittoresque dans les Pyrénées françaises et dans les départements adjacents, ou collection de 72 gravures d'après les dessins de M. Melling, avec un texte rédigé par J. Cervini de Maurata. *Paris, Treuttel et Wurtz,* 1826-1830, in-fol. obl. demi-rel.

697. Mémoire dv voiage en Rvssie fait en 1586, par Jehan Savvage, suivi de l'expédition de Fr. Drake en Amériqve à la même époque, publiés pour la première fois d'après les manuscrits de la Bibliothèque impériale, par Lovis Lacovr. *Paris, Avgvste Avbry,* 1855, pet. in-8, mar. vert, fil. tr. dorée. (*Duru.*)

Un des trois exemplaires imprimés sur PEAU VÉLIN.

698. Voyage de Jacques le Saige de Douai à Rome, Notre-Dame de Lorette, Venise, Jérusalem et autres saints lieux. Nouvelle édition, publiée par H. R. Duthillœul. *Douai, Adam d'Aubers,* 1852, in-4, fig. br.

699. Missions de Chine. Mémoire sur l'état actuel de la mission du Kiang-Nan, 1842-1855, par le R.-P. Broullion, de la Compagnie de Jésus, suivi de lettres relatives à l'insurrection, 1851-1855. *Paris, Julien Lanier,* 1855, in-8, br.

Un des douze exemplaires en grand papier de Hollande.

II. HISTOIRE UNIVERSELLE. — HISTOIRE ANCIENNE.

700. Discours sur l'histoire universelle, par Bossuet. *Paris, Lefèvre,* 1823, 2 vol. in-8, br.

Exemplaire en grand papier.

701. Discours sur l'histoire universelle, par Bossuet, précédé d'une notice littéraire par Tissot. *Paris*

Curmer, s. d., 2 vol. gr. in-8, demi-rel. figures sur acier.

Texte encadré.

702. Abrégé chronologique des principaux faits arrivés depuis la naissance d'Hénoch, l'an du monde 622, jusqu'à la naissance de Jésus-Christ, composé pour l'éducation de Mgr le Dauphin, par M. de Laborde. *Paris, de l'impr. de P. Didot l'aîné,* 1789, 2 vol. gr. in-4, pap. vélin, mar. bleu, fil. tr. dor. (*Rel. anc.*)

703. **Les Œuvres de Justin** vray historiographe, sur les faictz et gestes de Troge Pompée, contenant XLIIII liures traduictz de latin en frãçoys, nouuellement imprimez à Paris. *On les vend en la rue Neufve Nostre-Dame à l'enseigne Sainct-Jean Baptiste près Saincte Geneuiefue des Ardens | en la bouticque de Denys Janot,* 1538, pet. in-fol. goth. fig. sur bois, mar. rouge, à comp. dor. tr. dorée. (*Hardy.*)

Très-bel exemplaire de Cailhava. Riche reliure, copiée sur une reliure de Grolier.

704. Histoire des Juifs et des peuples voisins, depuis la décadence du royaume d'Israël et de Juda jusqu'à la mort de Jésus-Christ, par Prideaux, traduite de l'anglois ; nouvelle édition, corrigée et augmentée. *Amsterdam, Henri du Sauzet,* 6 vol. in-12, fig. et cartes, mar. bleu, fil. tr. dor. (*Padeloup.*)

Exemplaire de Renouard.

705. Lettres sur l'Atlantide de Platon et sur l'ancienne histoire de l'Asie, pour servir de suite aux lettres sur l'origine des sciences, adressées à M. de Voltaire, par M. Bailly. *Londres et Paris, de Bure,* 1779, in-8, mar. rouge, fil. tr. dor. (*Anc. reliure.*)

706. La Cyropédie ou histoire de Cyrus, traduite du grec de Xénophon, par M. Dacier. *Paris, de Bure,*

1777, 2 vol. in-12, mar. rouge, fil. tr. dor. (*Anc. reliure.*)

Aux armes de Philippe d'Orléans.

707. Q. CURTII Rufi de rebus gestis Alexandri magni libri superstites, cum Freinshemii supplementis. *Parisiis, C.-L.-F. Panckoucke*, 1829, 2 vol. gr. in-8, cart. non rognés, dans des étuis.

Exemplaire imprimé sur PEAU VÉLIN.

708. Caii Crispi SALLUSTII Jugurtha. *Parisiis, Ant.-Aug. Renouard*, 1795, in-18, mar. rouge, fil. tabis, non rog.

Exemplaire imprimé sur PEAU VÉLIN.

709. Caii Crispi SALLUSTII Catilina. *Parisiis, Ant.-Aug. Renouard*, 1795, in-18, mar. rouge, fil. tabis, non rogné.

Exempl. imprimé sur PEAU VÉLIN. Avec les portraits de Salluste et de César et le dessin original de ce dernier par Saint-Aubin. Figures tirées sur papier de soie.

710. Histoire de Jules César. *Paris, Impr. impériale*, 1865-66, 2 vol. in-fol. br. cartes. — Observations sur la préface de l'empereur, par E. Forcade. *Paris*, 1865, in-fol. br.

711. C. Corn. TACITI de moribus Germanorum libellus, Julii Agricolæ vita. *Parisiis, Ant.-Aug. Renouard*, 1795, in-18, mar. rouge, fil. tabis, non rogné.

Un des quatre exemplaires imprimés sur PEAU VÉLIN.

712. EUTROPII historiæ romanæ Epitome. *Parisiis, Renouard*, 1796, 2 vol. in-18, demi-rel. non rog.

Exemplaire unique sur PEAU VÉLIN.

713. CAII VELLEII PATERCULI Historiæ romanæ ad M. Vinicium consulem. — FLORI epitome rerum romanarum. *Parisiis, Panckoucke*, 1828, 1 vol. gr. in-8, cart. non rog. dans un étui.

Exemplaire imprimé sur PEAU VÉLIN.

714. RÉFLEXIONS sur les divers génies du peuple romain dans les divers temps de la république,

par Saint-Evremont. *Paris, Ant.-Aug. Renouard*, 1795, in-8, tiré in-4, 5 portr. mar. rouge, fil. tr. dor. (*Chambolle-Duru.*)

Un des deux exemplaires imprimés sur PEAU VÉLIN.

715. HISTOIRE DES RÉVOLUTIONS arrivées dans le gouvernement de la république romaine, par Vertot. *Paris, P. Didot l'aîné*, 1806, 4 vol. gr. in-18, reliés en vélin vert, non rog. dans des étuis.

Un des deux exemplaires imprimés sur PEAU VÉLIN.

716. HISTOIRE des progrès et de la chute de la république romaine, par Adam Ferguson, ouvrage orné de cartes et traduit de l'anglois. *Paris, Nyon l'aîné*, 1784, 7 vol. in-8, mar. rouge, fil. tr. dor. (*Rel. anc.*)

717. Rome au siècle d'Auguste, ou Voyage d'un Gaulois à Rome, à l'époque du règne d'Auguste et pendant une partie du règne de Tibère, précédé d'une description de Rome aux époques d'Auguste et de Tibère, par Ch. Dezobry. Nouvelle édition, revue, augmentée et ornée d'un grand plan et de vues de Rome antique. *Paris, Dezobry, E. Magdeleine*, 1846, 4 vol. in-8, br. et atlas.

718. Histoire de Théodoric le Grand, roi d'Italie, précédée d'une revue préliminaire de ses auteurs et conduite jusqu'à la fin de la monarchie ostrogothique par L. M. du Roure. *Paris, Techener*, 1846, 2 vol. in-8, veau fauve, fil. tr. dor. (*Closs.*)

Exemplaire en grand papier de Hollande.

III. HISTOIRE MODERNE.

1. *Histoire de France.*

719. NOUVEL ABRÉGÉ chronologique de l'histoire de France, contenant les événements de notre histoire, depuis Clovis jusqu'à la mort de Louis XIV,

les guerres, les batailles, les siéges, etc.; quatrième édition, ornée de vignettes et fleurons en taille-douce. *Paris, Prault*, 1752, gr. in-4, mar. rouge, large dent. tr. dor. (*Anc. rel.*)

On a joint à cet exemplaire le portr. du président Hénault.

720. Essai général de tactique, précédé d'un discours sur l'état actuel de la politique et de la science militaire en Europe; avec le plan d'un ouvrage intitulé: la France politique et militaire. *A Londres, chez les libraires associés*, 1772, 2 tom. en 1 vol. in-4, planches, mar. rouge, fil. tr. dorée. (*Anc. rel.*)

Ouvrage condamné. Voir Peignot.

721. Introduction à l'histoire de France, ou Description physique, politique et monumentale de la Gaule, jusqu'à l'établissement de la monarchie, par Achille de Jouffroy et Ernest Breton. *Paris, Firmin Didot frères*, 1838, gr. in-fol. cart.

Exemplaire en papier vélin, avec toutes les planches en papier de Chine.

722. Collection des meilleures dissertations, notices et traités particuliers relatifs à l'histoire de France, composée en grande partie de pièces rares ou qui n'ont jamais été publiées séparément; pour servir à compléter toutes les collections de mémoires sur cette matière, par C. Leber. *Paris, Dentu*, 1838, 20 vol. in-8, br.

Exemplaire en papier cavalier vélin. Il n'en a été tiré que vingt-cinq, qui sont devenus rares.

723. Traité historique et chronologique du sacre et couronnement des rois et des reines de France depuis Clovis Ier jusqu'à présent, et de tous les princes souverains de l'Europe, augmenté de la relation exacte de la cérémonie du sacre de Louis XV, dédié au roi par M. Menin. *Paris, Bauche*, 1723, 1 vol. in-12, mar. rouge, fil. tr. dor. (*Anc. rel.*)

724. Abrégé de l'histoire de la milice françoise du P. Daniel. On y a ajouté un précis de son état

actuel, ouvrage curieux et instructif pour les militaires, avec figures en taille-douce. *Paris*, *hôtel de Thou*, 1773, 2 vol. in-12, fig. mar. rouge, tr. dor. (*Petit.*)

725. Fastes de la nation française, ouvrage présente au roi, par Ternisien d'Haudricourt. *Paris, Decrouan*, *s. d.*, 3 vol. gr. in-4, pap. vélin, demi-rel. non rog. fig.

726. Le Temple de la gloire, ou les Fastes militaires de la France, depuis le règne de Louis XIV jusqu'à nos jours, par le général Auguste Jubé, baron de la Pérelle. *Paris, s. d.*, 2 vol. in-fol. pap. vélin, fig. dos et coins mar. bleu.

727. Figures de l'Histoire de France, ouvrage proposé par souscriptions, par le Bas, graveur du roi. *S. d.*, in-4, demi-rel. mar. rouge.

Dessins originaux, par Léeicié et Monnet.
On y a joint les estampes avant la lettre.

728. Figures de l'Histoire de France dessinées par M. Moreau le jeune et gravées sous sa direction, avec le discours de M. l'abbé Garnier. *A Paris, chez Moreau le jeune*, 1785, in-4, dos et coins de mar. rouge, non rog.

Exemplaire en grand papier fort, figures de premières épreuves. Il est parfaitement complet, et l'on sait que, des dernières planches, il n'existe pas plus de cinquante exemplaires.

On y trouve les cartes géographiques, la carte grande planche des rois de France et le Discours sur l'histoire de France, par Dingé (Paris, 1790), exemplaire sur papier vélin.

729. Histoire de l'estat et répvblique des Drvides, Evbages, Sarronides, Bardes, Vacies, anciens François gouverneurs des païs de la Gaule, depuis le deluge uniuersel iusques à la venüe de Iesus-Christ en ce monde. Compris en deux liures contenant leurs loix, ordonnances et coustumes, tant en l'estat ecclésiastique que séculier, escrit nouuellement en françois. *Paris, Iean Parant*, 1585, in-8, veau fauve, fil. tr. dor. (*Kœhler.*)

730. Histoire des Français, depuis le temps des Gaulois jusqu'en 1830, par Théophile Lavallée, septième édition. *Paris, Hetzel,* 1847, 2 vol. gr. in-8, jésus vélin, portr. demi-rel. mar. brun.

731. Dissertation sur la chronologie des rois mérovingiens, par Gouye de Longuemare. *Paris*, 1748, in-12, mar. rouge, fil. tr. dor. (*Anc. rel.*)

732. Dissertation sur plusieurs points de l'histoire des enfants de Clovis, premier du nom, roy de France, et sur quelques usages des Francs, divisée en quatre articles (par l'abbé Lebeuf). *S. l. n. d.*, in-12, veau fauve, fil. tr. dor. (*Simier.*)

Exemplaire de M. Coste.

733. Les Grandes Chroniques de France, selon que elles sont conservées en l'église de Saint-Denis en France, publiées par M. Paulin Paris. *Paris, Techener*, 1836, in-fol. pap. vélin, à 2 col. mar. bl. fil. tr. dor. (*Belz-Niedrée.*)

734. Les Grandes Chroniques de France, selon qu'elles sont conservées en l'église de Saint-Denis en France, publiées par Paulin Paris. *Paris, Techener,* 1836, in-fol. demi-rel. dos et coins mar. rouge.

735. **Les Anciennes et modernes Généalogies** des roys de France et mesmement du roy Pharamond, avec leurs épitaphes et effigies (par Jehan Bouchet). *Et sont imprimez et à vendre à Poictiers devant les Cordeliers par Jacques Bouchet, imprimeur.* (A la fin:) *Cy finissent les epitaphes genea | logies et effigies des roys frãçois | imprimez nouvellement à Poi | ctiers par Jacques Bouchet | imprimeur | le douzième | iour de juin | l'an mil | cinq cent tren | te cinq.* | Pet. in-4, mar. bleu, tr. dor. (*Duru.*)

Superbe exemplaire de Solar.

736. **Les Généalogies**, effigies et épitaphes des roys de France, recentement reueues et corrigées par

l'autheur mesme : avec plusieurs aultres opuscules, le tout mis de nouveau en lumière par ledict autheur (par Jehan Bouchet). *On les vend à Poictiers, en la boutique de Iacques Bouchet, près les cordeliers, et à l'enseigne du Pelican, par Iehan et Enguilbert de Marnef frères*, 1545, pet. in-fol. mar. rouge, fleurs de lis, tr. dor. (*Duru.*)

Superbe exemplaire, provenant des bibliothèques Cailhava et Solar.

737. Richer. Histoire de son temps, texte reproduit d'après l'édition originale donnée par G.-H. Pertz, avec traduction française, par J. Guadet. *Paris, J. Renouard*, 1845, 2 vol. in-8, br.

738. Recueil de pièces historiques sur la reine Anne ou Agnès, épouse de Henri Ier, roi de France, et fille de Jarosslaf Ier, grand-duc de Russie ; avec une notice et des remarques du prince Alexandre Labanoff de Rostoff, aide de camp de S. M. l'Empereur de toutes les Russies. *Paris, Firmin Didot*, 1825, gr. in-8, mar. rouge, fil. tr. dor. (*Duru.*)

Un des 30 exemplaires en grand papier, destinés aux membres de la Société des bibliophiles français. Celui-ci est accompagné d'une lettre autographe d'envoi du prince Labanoff à Guilbert de Pixerécourt.

739. Panégyrique de saint Louis, roi de France, prononcé le 25 août 1824, devant Messieurs de l'Académie française, etc., dans l'église de Saint-Germain-l'Auxerrois, par M. l'abbé Labouderie. *Paris, de l'impr. de Rignoux*, 1824, gr. in-8, mar. violet, dent. tabis, tr. dor. (*Lefebvre.*)

Un des deux exemplaires sur grand papier vélin fort. Il a appartenu à l'abbé Labouderie.

740. Charles du Lis. Opuscules historiques relatifs à Jeanne d'Arc dite la pucelle d'Orléans. Nouvelle édition, précédée d'une notice historique sur l'auteur, accompagnée de diverses notes et développements et de deux tableaux généalogiques inédits avec blasons, par M. Vallet de Viriville. *Paris, Aug. Aubry*, 1856, pet. in-8, br.

Exemplaire sur papier vert et l'un des huit sur papier de couleur. Le titre est double, sur papier vert et sur papier vélin, tiré rouge et noir.

741. Vie de la reine Anne de Bretagne, femme des rois de France Charles VIII et Louis XII, suivie de lettres inédites et de documents originaux, par Le Roux de Lincy. *Paris, L. Curmer*, 1860, 4 vol. pet in-8, br. et photogr. dans un carton.

742. Récit des funérailles d'Anne de Bretagne, précédé d'une complainte sur la mort de cette princesse et de sa généalogie, le tout composé par Bretaigne, son héraut d'armes, publié pour la première fois avec une introduction et des notes par L. Merlet et Max. de Gombert. *Paris, Auguste Aubry*, 1858, in-8. mar. olive, semé de fleurs de lis et d'hermines. (*Aux armes réunies de France et de Bretagne*). (*Capé.*)

Un des trois exemplaires imprimés sur PEAU VÉLIN, provenant de la bibliothèque de M. Desq.

743. François Ier chez Mme de Boisy. Notice d'un recueil de crayons ou portraits aux crayons de couleur, enrichi par le roi François Ier de vers et de devises inédites, appartenant à la bibliothèque Mejanes d'Aix, par M. Rouard, bibliothécaire, avec XII portraits choisis lithographiés en fac-simile. *Paris, Aug. Aubry*, 1863, gr. in-4, br.

Un des cinq exemplaires sur papier citron, avec les planches sur papier de Chine.

744. De Tristibus Franciæ libri quatuor ex bibliothecæ Lugdunensis codice nunc primum in lucem editi cura et sumptibus L. Cailhava. *Lugduni, Perrin*, 1840, gr. in-4, pap. fort teinté, fig. dos et coins mar. bleu, non rog. tr. sup. dor.

745. Correspondance du roi Charles IX et du sieur de Mandelot, gouverneur de Lyon, pendant l'année 1572, époque du massacre de la Saint-Barthélemy. — Lettre des Seize au roi d'Espagne Philippe II, année 1591. *Paris, Crapelet*, 1830, in-8, cart.

Exemplaire en grand papier de Hollande.

746. Les Heures françaises, ou les vêpres de Sicile, et les matines de la Saint-Barthélémy. *Suivant l'é-*

dition publiée à Amsterdam chez Antoine Michiels, 1690, pet. in-12, br.

Un des cinq exemplaires sur papier vélin nankin de cette réimpression, faite par Panckoucke, en 1852, et tirée à 110 exemp.

747. Histoire du roi Henri le Grand, par messire Hardouin de Péréfixe. *Paris, Ant.-Aug. Renouard,* 1816, in-8, demi-rel. mar. bl.

Exemplaire, en grand papier vélin, orné d'un grand nombre de portraits et de vignettes.

748. La Chemise sanglante de Henry le Grand, nouvelle édition. *Paris, Aug. Aubry,* 1860, in-8, mar. rouge, tr. dor. janséniste. (*Duru.*)

Exemplaire imprimé sur PEAU VÉLIN.

749. Procès du très-meschant et détestable parricide Fr. Ravaillac, natif d'Angoulesme, publié pour la première fois sur les manuscrits du temps par P... D. *Paris, Aug. Aubry,* 1858, pet. in-8, br.

Exempl. sur papier bleu et l'un des douze sur pap. de couleur. Le portrait est en double épreuve, sur pap. de Chine et sur papier chamois.

750. Histoire anecdotique de la jeunesse de Mazarin, traduite de l'italien avec des notes historiques et biographiques, par C. Moreau. *Paris, J. Techener,* 1863, gr. in-12, mar. bleu clair, fil. à comp. tr. dor. (*Niedrée.*)

751. Codicilles de Louys XIII, roy de France et de Navarre, à son tres cher fils aisné successeur. (A la fin :) *S. l. n. d., acheué d'imprimer le septième d'aoust* 1643, 4 part. en 1 vol. in-24, mar. vert à riches compart. mosaïque, doublé de mar. rouge, doré en plein à petits fers, tr. dor. (*Niedrée.*)

Magnifique exemplaire d'un livre très-rare.

752. Histoire lamentable de Gilles seignevr de Chasteavbrient et de Chantocé, prince du sang de France et de Bretagne, estranglé en prison par les ministres d'un favori. *S. l.,* 1651, in-4, mar. rouge, fil. doublé de mar. bleu, dent. tr. dor. (*Gruel.*)

753. Véritable Discours de la naissance et vie de Mgr le prince de Condé jusqu'à présent, à lui desdié par le sieur de Fiefbrun, publié d'après le manuscrit de la Bibliothèque impériale par E. Halphen, suivi de lettres inédites de Henri II, prince de Condé. *Paris*, *Auguste Aubry*, 1861, pet. in-8, mar. bleu, fil. non rog. tr. sup. dor. (*Duru.*)

Un des trois exemplaires imprimés sur PEAU VÉLIN.

754. Véritable discours de la naissance et vie de Mgr le prince de Condé jusqu'à présent, à lui desdié par le sieur de Fiefbrun, publié d'après le manuscrit de la Bibliothèque impériale, par E. Halphen, suivi de lettres inédites de Henri II, prince de Condé. *Paris*, *Aug. Aubry*, 1861, pet. in-8, broché.

Un des six exempl. sur papier de Chine.

755. Histoire de France sous le règne de Louis XIV, par M. de Larrey. *Rotterdam*, *Michel Bohm*, 1734, 3 vol. in-4, mar. rouge, fil. tr. dor. (*Anc. rel.*)

756. Louis XIV et ses amours, galerie historique. — Louis XIV et ses principaux ministres, galerie historique. *Paris, de l'impr. de Firmin Didot*, 1823-1824, gr. in-4, cart.

Un des deux exemplaires imprimés sur PEAU VÉLIN. Figures sur chine avant la lettre.

757. Apologie de Louis XIV et de son conseil sur la révocation de l'édit de Nantes, pour servir de réponse à la lettre d'un patriote sur la tolérance civile des protestants de France, avec une dissertation sur la journée de la Saint-Barthélemi (par l'abbé de Caveirac). *S. l.*, 1758, in-8, mar. rouge, large dent. tr. dor. (*Anc. rel.*)

Aux armes de Marie Leczinska. Très-bel exemplaire en papier de Hollande.

758. Lettre de Fénelon à Louis XIV. *Paris, Ant.-Aug. Renouard*, 1825, gr. in-8, cart.

Exemplaire imprimé sur PEAU VÉLIN.

759. Souvenirs de Mme de Caylus; nouvelle édition, avec une introduction et des notes par M. Charles Asselineau. *Paris, Techener,* 1860, in-12, portr. et fig. br.

Exempl. en grand papier de Hollande, avec doubles figures.

760. Histoire amoureuse des Gaules, par le comte de Bussi-Rabutin. *S. l.*, 1754, 5 vol. pet. in-12, br. non rog.

761. LES HISTORIETTES DE TALLEMANT DES RÉAUX; troisième édition, entièrement revue sur le manuscrit original et disposée dans un nouvel ordre, par MM. de Monmerqué et Paulin Paris. *Paris, J. Techener*, 1854-1860, 9 vol. in-8, br.

Très-bel exemplaire, en grand papier de Hollande.

762. MÉMOIRES DU DUC DE SAINT-SIMON, collationnés sur le manuscrit original, par Chéruel. *Paris, Hachette,* 1856, 20 vol. in-8, demi-rel. dos et coins mar. r. tr. sup. dor. (*Hardy-Mennil.*)

Superbe exemplaire, papier collé, orné d'une lettre autographe signée du duc du Maine, d'une autre lettre du chancelier Voysin à madame de Maintenon, de 216 dessins et de 791 portraits gravés par Ficquet, Schmidt, Desrochers, Bonnard, etc. Portraits étrangers, vignettes et vues; en tout environ 1007 pièces.

763. MÉMOIRES COMPLETS ET AUTHENTIQUES DU DUC DE SAINT-SIMON sur le siècle de Louis XIV et la régence, collationnés sur le manuscrit original par M. Chéruel, et précédés d'une notice par M. Sainte-Beuve, de l'Académie française. *Paris, L. Hachette,* 1856-1858, 20 vol. in-8, brochés.

Superbe exemplaire en grand papier vélin. Il porte le n° 42 sur 100 ex. tirés de ce format.

764. Journal historique et anecdotique du règne de Louis XV, par E.-J.-F. Barbier, publié pour la Société de l'histoire de France, d'après le manuscrit inédit de la Bibliothèque royale, par A. de la Villegille. *Paris, J. Renouard,* 1847-56, 4 vol. in-8, demi-rel. dos. et coins de mar. vert.

765. Mémoires de M. le duc de Choiseul, ancien ministre de la marine, de la guerre et des affaires étrangères, écrits par lui-même et imprimés sous ses yeux, dans son cabinet, à Chanteloup en 1778. *A Chanteloup et à Paris, chez Buisson,* 1790. 2 vol. in-8, dos de mar. rouge, non rog. tr. sup. dorée.

766. Journal des inspecteurs de M. Sartines. *Bruxelles, Parent,* 1863, in-12, mar. rouge, fil. tr. sup. dor. non rog. (*Chambolle-Duru.*)

Exemplaire sur papier jonquille. Il est orné de quinze portraits, gravés ou dessinés.

767. Mémoires de Henri Masers de Latude, prisonnier pendant trente-cinq ans à la Bastille, à Vincennes, à Charenton et à Bicêtre. (*Paris*), *Abel Ledoux,* 1835, 2 tom. en 1 vol. in-8, portr. avant la lettre. cart.

Exemplaire unique sur papier de Chine, provenant de la bibliothèque de Pixerécourt.

768. Mémoires sur la Bastille, par M. Linguet. *Londres,* 1783, in-8, fig. — Observations sur l'histoire de la Bastille, publiées par M. Linguet. *Londres,* 1783, in-8. — Remarques historiques sur la Bastille, nouvelle édition, augmentée d'un grand nombre d'anecdotes intéressantes et peu connues. *Londres,* 1783, in-8, 3 part. en 1 vol. in-8, veau fauve, fil. tr. dor. (*Derome.*)

Exempl. de Pixerécourt.
On y a joint plusieurs portraits de Linguet, par Greuze, Saint-Aubin, etc.

769. Sacre et couronnement de Louis XVI, roi de France et de Navarre, à Rheims, le 11 juin 1775; précédé de recherches sur le sacre des rois de France, depuis Clovis jusqu'à Louis XV; et suivi d'un journal historique de ce qui s'est passé à cette auguste cérémonie, enrichi d'un très-grand nombre de figures en taille-douce, gravées par le sieur Patas, avec leurs explications. *Paris, Vente, M.DCC.LXXV,* in-4, mar. rouge, fil. tr. dorée. (*Anc. rel.*)

770. HISTOIRE de la Révolution française, par Michelet, deuxième édition, revue et augmentée. *Paris*, 1868, 6 vol. in-8, demi-rel. dos et coins de mar. rouge antique, tête dor. non rog.

N° 38 des *cinquante exemplaires* tirés sur GRAND PAPIER DE HOLLANDE. On y a ajouté une suite de portraits anciens publ. en 1793 et 1794, et plus de 200 gravures, dont plusieurs *avant la lettre*.

771. LETTRES sur les états généraux de 1789, par le duc de Biron, publiées par Roger de la Lande. *Paris, Bachelin-Deflorenne*, 1865, in-8, mar. r. fil. tr. dor. (*Chambolle-Duru.*)

Exemplaire sur PEAU VÉLIN.

772. LA CONSTITUTION française, décrétée par l'Assemblée nationale constituante, aux années 1789, 1790 et 1791; acceptée par le roi, le 14 septembre 1791. *A Paris, de l'impr. de Didot jeune*, 1791, in-32, cart.

Exemplaire imprimé sur PEAU VÉLIN.

773. CONSTITUTION de la République française, précédée de la déclaration des droits de l'homme, avec le rapport du comité de constitution et le procès-verbal d'acceptation par le peuple français. *A Dijon, de l'imprimerie de P. Causse*, 1793, 1 vol. in-12, relié en vélin, non rogné, dans un étui.

Exemplaire imprimé sur PEAU VÉLIN.

774. MARIE-ANTOINETTE à la Conciergerie (du 1er août au 16 octobre 1793), pièces originales conservées aux archives de l'empire, suivies de notes historiques et du procès imprimé de la reine, par M. Emile Campardon. *Paris, Jules Gay*, 1863, gr. in-18, format anglais, portr. photogr. mar. r. jans. tr. dor. (*Chambolle-Duru.*)

Un des deux exemplaires imprimés sur PEAU VÉLIN.

775. Précis historique de la Révolution française (Directoire), par Lacretelle. *Paris*, 1806, 2 vol. in-18, fig. de Duplessis-Bertaut et eaux-fortes,

mar. rouge, fil. tr. dor. (*Aux armes de Napoléon 1er.*)

776. Les Hommes de la Révolution peints d'après nature, par Coste d'Arnobat. *Paris* (*Crapelet*), 21 janvier 1830, gr. in-8, demi-rel. v. bl.

Un des sept exemplaires en grand papier jésus de Hollande.

777. Mémoires et voyages du duc d'Enghien, précédés d'une notice sur sa vie et sa mort, par M. le comte de Choulot, gentilhomme de la chambre et capitaine général des chasses de S. A. R. le duc de Bourbon. *Moulins, impr. de P.-A. Desrosiers*, 1841, gr. in-8, jésus vélin, portr. dos et coins mar. bleu, non rog. tr. sup. dorée.

778. Mémoires du duc de Montpensier (Antoine-Philippe d'Orléans), prince du sang. *Paris, Impr. royale*, 1837, 1 vol. in-4, pap. vélin, portr. mar. rouge à comp. doublé de moire, tr. dor.

Tiré à petit nombre.

779. Précis chronologique du règne de Louis XVIII, en 1814, 1815 et 1816, indiquant jour par jour les événements politiques, civils, militaires et littéraires qui ont eu lieu, tant en France que dans les différents Etats de l'Europe, depuis le 23 avril 1814, jusqu'au 23 mars 1816, par Gabriel Peignot. *Paris, Renouard*, 1816, in-8, demi-rel.

780. Récit des opérations de l'armée française en Espagne, sous les ordres de Mgr le duc d'Angoulême, accompagné de notices biographiques et géographiques et suivi de considérations sur les résultats politiques de cette guerre, par M. B. Capefigue. *Paris, Adrien Egron*, 1823, in-8, pap. vélin, portr. mar. vert, dent. tr. dor. (*Simier.*)

Aux armes de madame la duchesse de Berry.

781. La France mourante, consultation historique à trois personnages : le chancelier de l'Hôpital : le capitaine Bayard, dit le chevalier sans reproche ; la France malade. *Se trouve chez tout le monde*

(*Paris, Crapelet*), 16 novembre 1829, gr. in-8, cartonné.

Un des sept exemplaires en grand papier jésus de Hollande.

782. Souvenirs numismatiques de la révolution de 1848, recueil complet des médailles, monnaies et jetons qui ont paru en France depuis le 22 février jusqu'au 20 décembre 1848. *Paris, J. Rousseau, s. d.*, gr. in-4, pap. vélin, br.

Exemplaire en grand papier, avec les planches sur papier de Chine.

2. *Histoire des provinces et villes de France.*

783. PARIS AU XIIIe SIÈCLE, par A. Springer, traduit librement de l'allemand avec introduction et notes, par un membre de l'édilité de Paris (Victor Foucher). *Paris, Aug. Aubry*, 1860, pet. in-8, mar. fauve, comp. à froid, tabis, tr. dor. (*Gruel.*)

Un des deux exemplaires imprimés sur PEAU VÉLIN. C'est celui de M. Victor Foucher, dont il porte les armes et renferme le portrait.

784. Paris au treizième siècle, par A. Springer, traduit librement de l'allemand avec introduction et notes, par un membre de l'édilité de Paris (Victor Foucher). *Paris, Aug. Aubry*, 1860, pet. in-8, broché.

Un des douze exempl. sur papier de couleur. Celui-ci, sur papier bleu, est accompagné d'une quadruple épreuve, sur papier vélin, sur papier de Chine, sur papier rose et sur papier bleu, de la grandeur du sceau de 1210, appartenant aux archives de l'empire.

785. Recherches sur la bibliothèque publique de l'église Notre-Dame de Paris au XIIIe siècle, d'après des documents inédits, par Alfred Franklin. *Paris, Aug. Aubry*, 1863, in-8, br.

Un des dix exemplaires sur papier chamois.

786. Description de la ville de Paris au XVe siècle, par Guillebert de Metz, publiée pour la première fois d'après le manuscrit unique, par Le Roux de Lincy. *Paris, Aug. Aubry*, 1855, pet. in-8, br.

Ex. sur papier jaune, l'un des dix sur pap. de couleur.

787. Paris dans sa splendeur : monuments, vues, scènes historiques, descriptions et histoire. *Paris et Nantes, Henri Charpentier*, 1861, 3 vol. gr. in-folio, demi-rel. mar. bl.

Exemplaire tiré sur grand in-folio jésus, avec les planches sur papier de Chine, épreuves d'artiste.

L'ouvrage, composé de cent planches, a été publié en cinquante livraisons à 6 fr.

788. Promenade aux cimetières de Paris, aux sépultures royales de Saint-Denis et aux catacombes, avec trente dessins représentant les tombeaux; une vignette servant de frontispice, d'après le dessin de M. Lafitte; le plan des caveaux de Saint-Denis avant leur destruction, et la désignation de l'emplacement de tous les tombeaux de l'église, d'après le dessin de M. Debret, architecte de Saint-Denis, et une vue de l'intérieur des catacombes, par M. P. St.-A..... *Paris, C.-L.-F. Panckoucke, s. d.*, in-8, mar. rouge, dent. non rog.

Exemplaire unique imprimé sur PEAU VÉLIN.

789. Les Églises et monastères de Paris, pièces en prose et en vers des IXe, XIIIe et XIVe siècles, publiées d'après les manuscrits, avec notes et préface par H.-L. Bordier. *Paris, Aug. Aubry*, 1856, pet. in-8, br.

Ex. sur papier chamois, l'un des huit sur papier de couleur.

790. Recherches historiques sur le collége des Quatre-Nations, d'après des documents entièrement inédits, par Alfred Franklin. *Paris, Aug. Aubry*, 1862, pet. in-8, br.

Un des dix ex. imprimés sur papier chamois.

791. Histoire du Palais-Royal (par J. Vatout). *Paris*, 1830, in-8, cart.

Exempl. tiré in-folio, sur papier chamois.

792. Versailles ancien et moderne, par le comte Alexandre de Laborde, membre de l'Institut. *Paris, imprimerie d'Everat*, 1839, gr. in-8, jésus vélin, fig. dos et coins mar. rouge, non rog. tr. sup. dorée. (*Capé.*)

793. La Bretagne contemporaine, sites pittoresques, monuments, costumes, scènes de mœurs, histoire, légendes, traditions et usages des cinq départements de cette province. Dessins d'après nature par Félix Benoist, lithographiés par MM. Jules Arnoul, Bachelier, Bayot, Fichot, etc. Texte par MM. Aurélien de Courçon, Pol de Courcy, Gaultier de Mottay, etc. *Paris, H. Charpentier,* 1865, 3 vol. gr. in-fol. demi-rel. dos et coins de mar. bl. tête dor. non rog.

794. La Normandie, par M. Jules Janin, illustrée par MM. Morel Fatio, Tellier, Gigoux, Daubigny, Debon, H. Bellangé, Alfred Johannot. *Paris, Ernest Bourdin, s. d.,* tr. gr. in-8, mar. vert, riche dent. tr. dor. (*Petit.*)

Un des six exemplaires tirés sur papier de Chine.

795. Le Journal de la comtesse de Sanzay, intérieur d'un château normand au XVIe siècle, par M. le comte de la Ferrière-Percy; nouvelle édition, augmentée de documents nouveaux. *Paris, Auguste Aubry,* 1859, pet. in-8, br.

Un des six exempl. sur papier chamois.

796. Les Chroniques de Normandie. (A la fin:) *Ici finissent les Chroniques de Normandie, publiées pour la première fois d'après deux manuscrits de la Bibliothèque du roi, à Paris, par Francisque Michel, et imprimées à Rouen, par Nicétas Périaux, pour Edouard Frère,* 1839, 1 vol. pet. in-4, cartonné.

Un des deux exemplaires sur papier bleu. Le titre est imprimé sur PEAU VÉLIN et soigneusement colorié.

797. Histoire de Flers, ses seigneurs, son industrie, par M. le comte Hector de la Ferrière. *Paris, Dumoulin,* 1855, in-8, fig. br.

Exempl. sur papier vélin jaune.

798. Archives royales de Chenonceau, debtes et créanciers de la royne mère Catherine de Médicis,

1589-1606; documents publiés pour la première fois d'après les archives de Chenonceau, avec une introduction par M. l'abbé C. Chevalier. *Paris, Techener,* 1852, in-8, br.

Exemplaire en grand papier de Hollande.

799. Inventaire des meubles, bijoux et livres estant à Chenonceaux le huit janvier M.DCIII, précédé d'une histoire sommaire de la vie de Louise de Lorraine, reine de France, suivi d'une notice sur le château de Chenonceaux, par le prince Augustin Galitzin. *Paris, Techener*, 1856. — Les Triomphes faictz à l'entrée de Françoys II et de Marie-Stuart, au chasteau de Chenonceau, le dymanche dernier jour de mars MDLIX. *Paris, Techener,* 1857, 2 part. en 1 vol. gr. in-8, fig. pap. vergé, broché.

800. Comptes des receptes et despences faites en la chastellenie de Chenonceau, par Diane de Poitiers, duchesse de Valentinois, dame de Chenonceau et autres lieux, publiés pour la première fois d'après les originaux, par M. l'abbé C. Chevalier. *Paris, J. Techener*, 1864, gr. in-8, br.

Un des vingt exemplaires en grand papier de Hollande.

801. Archives royales de Chenonceaux, lettres et devis de Philibert Delorme et autres pièces relatives à la construction du château de Chenonceaux, publiées pour la première fois d'après les originaux, par M. l'abbé C. Chevalier. *Paris, J. Techener*, 1864, gr. in-8, fig. br.

Un des vingt exemplaires en grand papier de Hollande.

802. Pièces historiques relatives à la chastellenie de Chenonceau sous Louis XII, François Ier et Henri II, Diane de Poitiers et Catherine de Médicis, publiées pour la première fois d'après les originaux et avec une introduction par M. l'abbé C. Chevalier. *Paris, J. Techener*, 1864, in-8, br. fig.

Un des vingt exemplaires en grand papier de Hollande.

803. Histoire d'Hélène Gillet, ou relation d'un événement extraordinaire et tragique, survenu à Dijon dans le XVIIe siècle; suivie d'une notice sur des lettres de grâce singulières, expédiées au XVe siècle, et sur quelques usages bizarres en matière criminelle. Le tout publié textuellement d'après les manuscrits et imprimés du temps, avec des notes, par un ancien avocat (G. Peignot). *Dijon, Lagier*, 1829, in-8, br.

804. Mémoires de Fléchier sur les Grands Jours d'Auvergne en 1665, annotés et augmentés d'un appendice par M. Chéruel, et précédés d'une notice par M. Sainte-Beuve, de l'Académie française. *Paris, Hachette*, 1856, in-8, fig. br.

Un des cent exemplaires tirés sur grand papier vélin. Celui-ci porte le N° 1er.

805. Le Nouveau Spon, manuel du bibliophile et de l'archéologue lyonnais (par M. J.-B. Montfalcon). *Lyon, Aimé Vingtrinier*, 1856, gr. in-8, cart. (avec supplément).

Un des vingt-cinq exemplaires en grand papier de Hollande.

806. Recherche des antiquités et curiosités de la ville de Lyon, ancienne colonie des Romains et capitale de la Gaule celtique, par Jacob Spon. Nouvelle édition, augmentée des additions et corrections écrites de la main de Spon, sur l'exemplaire de la Bibliothèque impériale, et d'une étude sur la vie et les ouvrages de cet antiquaire (par Montfalcon). *Lyon, imprimerie de Louis Perrin*, 1857, in-8, portr. et fig.

Ce livre, publié aux frais de la ville de Lyon, n'a pas été mis dans le commerce.
Exemplaire sur papier de couleur.

807. AINAY, son autel, son amphithéâtre, ses martyrs, par Alphonse de Boissieu. *Lyon, N. Scheuring (de l'impr. de Perrin)*, 1864, in-8, fig. mar. v. fil. tr. sup. dor. (*Masson-Debonnelle.*)

Un des deux exemplaires imprimés sur PEAU VÉLIN.

808. Le Livre d'Or du Forez et du Beaujolais. *Lyon, à la bibliothèque de la ville,* 1866, gr. in-8, mar. rouge, fleurs de lis, tr. sup. dor. (*Chambolle-Duru.*)

Exemplaire imprimé sur PEAU VÉLIN.

809. Histoire d'Éléonore de Guyenne, duchesse d'Aquitaine, contenant ce qui s'est passé de plus mémorable, sous les règnes de Louis VII, dit le Jeune, roi de France; d'Henri II et de Richard son fils, surnommé Cœur-de-Lion, rois d'Angleterre. Edition augmentée d'un supplément, de sommaires, de notes et d'observations, par M***. *A Londres, et se trouve à Paris, chez Cussac,* 1788, in-8, pap. vélin, fig. de Borel, mar. vert, dent. tr. dor. (*Thouvenin.*)

810. Histoire sur les trovbles advenvs en la ville de Tolose, l'an 1562, le dix-septiesme may, par Georges Bosqvet, aduocat en la cour de Parlement de Tolose, nouvelle édition, avec notes. *Paris, Jules Gay,* 1862, in-18, mar. rouge, jans. tr. dor. (*Masson-Debonnelle.*)

Un des deux exemplaires imprimés sur PEAU VÉLIN.

811. Essais historiques sur le Béarn, par M. Faget de Baure. *Paris, Denugon,* 1818, 1 vol. in-8, mar. vert, dent. tabis, dent. tr. dor.

812. Triomphe dv corbeav, contenant les propriétés, perfections, raretés et vertus souveraines, avec les significations des mystères releués de nostre foy, et le triomphe du monarque lorrain remettant par fauorable presage le sceptre de Iudée en l'auguste maison de ses deuanciers. Faict par messire Anthoine Vzier, curé à Enuille au Parc Commingeois. *A Nancy, par Iacob Garnich,* 1619, in-8, cart. non rog.

Exemplaire en grand papier de cette réimpression faite en 1839, chez Trenel, à Saint-Nicolas-de-Port.

813. Nice et Savoie, sites pittoresques, monuments, description et histoire des départements de la Sa-

voie, de la Haute-Savoie et des Alpes-Maritimes réunis à la France en 1860. *Paris et Nantes, Henri Charpentier*, 1861-63, 46 livraisons in-fol.

Exemplaire tiré en grand papier jésus, épreuves d'artiste.

3. *Histoire étrangère.*

814. Tableau de mœurs au dixième siècle, ou la cour et les lois de Howel-le-Bon, roi d'Aberfraw de 907 à 948; suivi de cinq pièces de la langue française, aux onzième et treizième siècles, telle qu'elle se parlait en Angleterre après la conquête de Guillaume de Normandie, et terminé par une notice historique sur la langue anglaise, depuis son origine jusqu'au XVIIIe siècle. *Paris, de l'imprimerie de Crapelet*, 1832, gr. in-8, cart.

Un des neuf exemplaires en grand papier de Hollande.

815. Lettres de Henri VIII à Anne Boleyn, avec la traduction ; précédées d'une notice historique sur Anne Boleyn. *Paris, de l'impr. de Crapelet, s. d.*, gr. in-8, demi-rel. mar. r.

Un des douze exemplaires en grand papier jésus de Hollande.

On y a joint les deux pièces suivantes, sur papier de Holl., dont il n'a été également tiré que douze exemplaires :

Lettre de M. G. Peignot à M. C.-N. Amanton, à Dijon, sur l'ouvrage intitulé : Lettres de Henri VIII à Anne Boleyn, publié par M. Crapelet. 24 pp. — Lettre d'un gentilhomme portugais à un de ses amis de Lisbonne, sur l'exécution d'Anne Boleyn, lord Rochford, Brereton, Norris, Smelon et Weston, publiée pour la première fois avec une traduction française par Francisque Michel, accompagnée d'une traduction anglaise, par le vicomte Strangford. *Paris, Silvestre*, 1832. — 15 pp.

816. La Vie d'Elizabeth, reine d'Angleterre; nouvelle édition augmentée du véritable caractère d'Elisabeth et de ses favoris, avec figures. *La Haye, Gérard Block*, 1741, 2 vol. in-12, mar. rouge, fil. tr. dor. (*Anc. rel.*)

817. Histoire du prince d'Orange et de Nassau, enrichie des plans des villes et de leurs fortifications. *Lewarde, Fr. Halma*, 1715, 2 vol. in-12, mar. rouge, doré en plein, tr. dor. (*Anc. rel.*)

818. Matériaux pour servir à l'histoire de Marguerite d'Autriche, duchesse de Savoie, régente des Pays-Bas, par le comte E. de Quinsonas. *Paris, Delaroque frères*, 1860, 3 vol. gr. in-8, portr. et fig. pap. teinté, br.

Superbe publication, imprimée à Lyon par Perrin.

819. L'Espagne et le Portugal, ou Mœurs, usages et costumes des habitants de ces royaumes, précédé d'un précis historique par M. Breton. Ouvrage orné de cinquante-quatre planches représentant douze vues et plus de soixante costumes différents, la plupart d'après des dessins exécutés en 1809 et 1810. *Paris, Nepveu,* 1815, 6 vol. in-18, pap. vélin, fig. col. mar. rouge, dent. tr. dor.

820. Esquisses du pays, du caractère et du costume, en Portugal et en Espagne, prises pendant la campagne et durant la marche de l'armée anglaise, en 1808 et 1809, gravées et coloriées d'après les dessins du Rév. Guillaume Bradford A. B., avec les explications (en anglais et en français), et les descriptions propres à chaque sujet. *London, printed for John Booth, s. d.*, pet. in-fol. pap. vélin, mar. grenat, dent. tr. dor.

821. Mémoires de la cour d'Espagne sous le règne de Charles II, 1678-1682, par le marquis de Villars. *Londres, Trubner et compagnie*, 1861, in-8, portr. cart.

Tiré à cent exemplaires.

822. Révolutions de Portugal, par René-Aubert de Vertot. *Paris, Ant.-Aug. Renouard*, 1795, in-8, tiré in-4, portrait sur chine, mar. bl. tête dorée. (*Chambolle-Duru.*)

Un des deux exemplaires imprimés sur PEAU VÉLIN. L'autre est à la Bibliothèque nationale.

823. Histoire des révolutions de Portugal, par Vertot. *Paris, Pierre Didot l'aîné et Firmin Didot*,

1806, gr. in-18, mar. rouge, fil. tr. dor. (*Trautz-Bauzonnet.*)

Un des deux exemplaires imprimés sur PEAU VÉLIN. Il provient de la bibliothèque d'Armand Bertin.

824. HISTOIRE des révolutions de Suède, où l'on voit les changements qui sont arrivés dans ce royaume, au sujet de la religion et du gouvernement, par René-Aubert de Vertot. *Paris, Ant.-Aug. Renouard*, 1795, 2 vol. in-8, tirés in-4, mar. bl. fil. tr. sup. dorée. (*Chambolle-Duru.*)

Un des deux exemplaires imprimés sur PEAU VÉLIN ; il est orné du dessin original du portrait de Vertot, et de plusieurs épreuves de la gravure faite d'après ce dessin.

825. HISTOIRE des révolutions de Suède, où l'on voit les changements qui sont arrivés dans ce royaume au sujet de la religion et du gouvernement, par Vertot. *Paris, P. Didot l'aîné*, 1806, 2 vol. gr. in-18, reliés en vélin vert, non rog. dans des étuis.

Un des deux exemplaires imprimés sur PEAU VÉLIN.

826. HISTOIRE DES GUERRES D'ITALIE, traduite de l'italien de François Guichardin. *Londres, Paul et Isaac Vaillant*, 1738, 3 vol. in-4, mar. rouge, fil. tr. dor. (*Anc. rel.*)

Exemplaire en grand papier, aux armes de madame de Pompadour.

827. Atti della solenne coronazione fatta in Campidoglio della insigne poetessa dña Maria Maddalena Morelli Fernandez Pistoiese, tra gli Arcadi : Corilla Olympica. (A la fin :) *Impresso nella stamperia reale di Parma il di XXX giugno dell' anno di nostra reparata salute M.DCC.LXXIX*, gr. in-8, portr. et fleurons, texte encadré, mar. rouge, fil. tabis, tr. dor.

828. La Russie, ou Mœurs, usages et costumes des habitants de toutes les provinces de cet empire. Ouvrage orné de cent onze planches représentant plus de deux cents sujets, gravés sur les dessins originaux et d'après nature, de M. Damame-Demartrait, peintre français, et Robert Ker-Porter,

peintre anglais, extrait des ouvrages anglais et allemands les plus récents, par M. Breton. *Paris, Nepveu*, 1813, 6 vol. in-18, mar. violet, dent. tr. dor.

Exemplaire sur papier vélin rose, orné de la double suite des figures, en noir et en couleur.

829. HISTOIRE de l'empire de Russie, sous le règne de Catherine II, et à la fin du dix-huitième siècle, par le révérend M. Tooke, traduite de l'anglais sur la 2e édition, par M. S***, avec les corrections de M. Imérinove, et revue par M. Leclerc. *Paris, de l'impr. de Crapelet*, 1801, 6 vol. in-8, mar. rouge, dent tr. dor. (*Bozérian.*)

Exemplaire en grand papier vélin. On a ajouté un portrait de Catherine II, sur papier de Chine.

830. Mœurs, usages, costumes des Ottomans, et abrégé de leur histoire, par A.-L. Castellan, avec des éclaircissements tirés d'ouvrages orientaux et communiqués par M. Langlès. *Paris, Nepveu*, 1812, 6 vol. in-18, mar. bleu, dent. tr. dorée. (*Simier.*)

Exemplaire sur papier vélin rose, avec les planches noires et coloriées.

831. La Chine en miniature, ou choix de costumes, arts et métiers de cet empire, représentés par 74 gravures, la plupart d'après les originaux inédits du cabinet de feu M. Bertin, ministre; accompagnés de notices explicatives historiques et littéraires, par M. Breton. *Paris, Nepveu*, 1811, 4 vol. in-18, mar. vert, dent. tr. dor. (*Simier.*)

Un des 60 exemplaires en papier vélin collé, avec les figures soigneusement peintes et rehaussées d'or.

IV. HISTOIRE DE LA CHEVALERIE ET DE LA NOBLESSE.

832. LE BLASON des couleurs en armes, livrées et devises, par Sicille, hérault d'Alphonse V, roi d'Aragon, publié et annoté par Hippolyte Cocheris. *Paris, Auguste Aubry*, 1860, pet. in-8, portr.

et blasons, mar. rouge, fil. non rog. tr. sup. dor. (*Chambolle-Duru.*)

Un des 3 exemplaires imprimés sur PEAU VÉLIN. Le portrait est double, sur vélin et sur papier de Chine.
La reliure fleurdelisée est d'une exécution parfaite.

833. Le Blason des couleurs en armes, livrées et devises, par Sicille, hérault d'Alphonse V, roi d'Aragon, publié et annoté par Hippolyte Cocheris. *Paris, Aug. Aubry,* 1868, pet. in-8, br.

Un des 9 exemplaires sur papier chamois. Le portrait est double, sur papier chamois et sur papier de Chine, et les blasons sont coloriés.

834. Le Pas d'armes de la bergère, maintenu au tournoi de Tarascon ; publié d'après le manuscrit de la Bibliothèque du roi, avec un précis de la chevalerie et des tournois, et la relation du carrousel exécuté à Saumur en presence de S. A. R. madame la duchesse de Berry, le 20 juin 1828, par G.-A. Crapelet, imprimeur. *Paris, de l'imprimerie de Crapelet,* 1828, gr. in-8, demi-rel. c. de R. non rog.

Un des 12 exemplaires tirés sur grand papier jésus de Hollande. De la bibliothèque du comte de la Bédoyère.

835. CÉRÉMONIES DES GAGES DE BATAILLE selon les constitutions du bon roi Philippe de France, représentées en onze figures ; suivies d'instructions sur la manière dont se doivent faire empereurs, rois, ducs, marquis, comtes, vicomtes, barons, chevaliers ; avec les avisements et ordonnances de guerre ; publiées d'après le manuscrit de la Bibliothèque du roi, par G.-A. Crapelet. *A Paris, de l'impr. de Crapelet,* 1830, gr. in-8, mar. bleu, fil. parsemé de fleurs de lis, tr. dor. (*Hardy.*)

Un des 9 exemplaires en grand papier jésus de Hollande, avec les planches sur VÉLIN peintes à l'imitation des miniatures du manuscrit.

836. Ordres de chevalerie et marques d'honneur, histoire, costumes et décorations, publiés par A. Wahlen (supplément). *Bruxelles,* 1855, in-8, br. pl. coloriées.

837. D'HOZIER. Armorial général, ou registres de la noblesse de France. *Paris, Didot,* 1865-68, 12 tom. en 24 livr. in-fol. br.

838. Armorial historique de la noblesse de France, recueilli et rédigé par un comité, publié par Henry-J.-G. de Milleville. *Paris, Katon,* 1845, gr. in-8, jésus vélin, fig. et blasons, demi-rel. mar. noir, tr. dorée.

839. ARMORIAL des principales maisons et familles du royaume, particulièrement de celles de Paris et de l'Isle-de-France, contenant les armes des princes, seigneurs, grands officiers de la couronne et de la maison du roi, celles des cours souveraines, etc., avec l'explication de tous les blasons, par M. Dubuisson, ouvrage enrichi de près de quatre mille écussons gravés en taille-douce. *Paris, Guérin et Delatour,* 1757, 2 vol. in-12, mar. bleu, tr. dor. (*Duru.*)

840. ARMORIAL et nobiliaire de l'évêché de Saint-Pol de Léon en 1443, par le marquis de Refuge, lieutenant-général des armées du roi; deuxième édition, publiée avec une introduction et des notes par Paul de Courcy. *Paris, Auguste Aubry, et Nantes, V. Forest et E. Grimaud,* 1863, pet. in-8, mar. bl. fil. tête dor. (*Masson-Debonnelle.*)

Un des 4 exemplaires imprimés sur VÉLIN.

841. Nouveau Traité historique et archéologique de la vraie et parfaite science des armoiries, par le marquis de Magny (Claude Drigon). *Paris, A. Aubry,* 1856, 2 vol. in-4, blasons coloriés, br.

842. Histoire généalogique de la maison de la Saussaye, par Alonso Pean. *Lyon, imprimerie de Louis Perrin,* 1860, gr. in-4, pap. teinté, fig. br.

Tiré à 60 exemplaires.

843. GOUVERNEURS, LIEUTENANTS DE ROY, prévôts des marchands, échevins, procureurs, avocats du roy,

greffiers, receveurs, conseillers et quartiniers de la ville de Paris, gravés par Beaumont, graveur ordinaire de la ville. *S. l. n. d.*, in-fol. mar. rouge, large dent. avec coins, tr. dor. (*Anc. rel.*)

Aux armes de Caumartin-Saint-Ange. Très-bel exemplaire.

844. De l'Aristocratie au XIXe siècle, par Anatole de Barthélemy. *Paris, Auguste Aubry*, 1859, in-12, broché.

Exemplaire sur papier vélin jaune.

845. De la Noblesse et de l'application de la loi contre les usurpations nobiliaires, par M. Paul de Courcy. *Paris, Aug. Aubry*, 1859, in-12.

Exemplaire sur papier vélin jaune.

V. ARCHÉOLOGIE.

846. Monuments et ouvrages d'art antiques restitués d'après les descriptions des écrivains grecs et latins, et accompagnés de dissertations archéologiques, par M. Quatremère de Quincy. *Paris, Jules Renouard*, 1829, 2 vol. très-gr. in-4, pap. vélin, fig. n. et col. cart.

847. LE CULTE de Priape et ses rapports avec la théologie mystique des anciens, par Richard Payne Knight, suivi d'un essai sur le culte des pouvoirs générateurs durant le moyen âge, traduits de l'anglais par E. W. *Luxembourg, imprimerie particulière*, 1866, in-4, 40 planches, mar. bl. fil. tr. dor. (*Chambolle-Duru.*)

Un des deux exemplaires imprimés sur PEAU VÉLIN.

848. Antiquités anglo-normandes de Ducarel, traduites de l'anglais par A.-L. Léchaudé d'Anisy. *Caen, Mancel,* 1823, in-8, tiré gr. in-4, pap. vélin, br. en 6 livr.

Il n'a été tiré qu'un petit nombre d'exemplaires de ce format. Les planches sont sur papier de Chine.

849. Pierres antiques gravées, sur lesquelles les graveurs ont mis leurs noms; dessinées et gravées en cuivre sur les originaux ou d'après les empreintes, par Bernard Picart. Tirées des principaux cabinets de l'Europe, expliquées par M. Philippe de Stosch, et traduites en français par M. de Limiers, de l'Académie de Bologne. *Amsterdam, chez Bernard Picart le Romain*, 1724, in-fol. mar. rouge, large dent. à petits fers, tr. dor. (*Anc. rel.*)

Exemplaire grand papier et de dédicace, aux armes de l'empereur Charles VI. La reliure est remarquable par la richesse et le fini des ornements.

850. Antiquités de la Nubie, ou monuments inédits des bords du Nil, situés entre la première et la seconde cataracte, dessinés et mesurés en 1819, par F.-C. Gau, architecte. *Stuttgart et Paris, Firmin Didot*, 1822, in-fol. atlant. cart. non rog.

Exemplaire en papier vélin.

851. Description des monnaies seigneuriales françaises, composant la collection de M. F. Poey d'Avant. *Fontenay-Vendée, impr. de Robuchon*, 1853, in-4, fig. br.

Un des 5 exemplaires en grand papier vélin.

VI. HISTOIRE LITTÉRAIRE.

852. Essai historique sur la liberté d'écrire chez les anciens et au moyen âge ; sur la liberté de la presse depuis le quinzième siècle, et sur les moyens de répressions dont ces libertés ont été l'objet dans tous les temps; avec beaucoup d'anecdotes et de notes; suivi d'un tableau synoptique de l'état des imprimeries en France, en 1704, 1739, 1810, 1830, et d'une chronologie des lois sur la presse, de 1789 à 1831, par Gabriel Peignot. *Paris, de l'imprimerie de Crapelet*, 1832, in-8, br.

853. Les Gazettes de Hollande et la presse clandestine aux XVIIe et XVIIIe siècles, par E. Hatin. *Paris, R. Pincebourde*, 1865, in-8, br. eau-forte.

Exemplaire sur grand papier de Hollande.

854. Correspondance littéraire de Valbonnays, publiée d'après les manuscrits de la Bibliothèque du roi, avec une notice historique sur Vallonnays et des notes, par M. Ollivier Jules. *Valence*, *Borel*, 1839, gr. in-8, br.

Exemplaire sur papier vélin rose.

855. Chronique littéraire des ouvrages imprimés et manuscrits de l'abbé Rive, des secours dans les lettres que cet abbé a fournis à tant de littérateurs françois ou étrangers, etc. *A Eleuthéropolis, de l'imprimerie des Anti-Copet, des Anti-Jean de Dieu*, *des Anti-Pascalis, ces anti-redoutables fléaux de la régénération françoise et de la vraie liberté nationale, l'an second du nouveau siècle françois*, in-8, cart.

Rare.

856. Éclaircissements historiques et critiques sur l'invention des cartes à jouer, par M. l'abbé Rive. *Paris, de l'impr. de Fr.-Amb. Didot*, 1780, gr. in-8, pap. fort, br.

Les exemplaires de ce format sont rares, n'ayant été tirés qu'à un petit nombre.

857. La Société des Rosati d'Arras, 1778-1788. *A la Vallée des roses, de l'imprimerie anacréontique l'an* 10008005o, tr. gr. in-4, mar. brun, fil. tr. dorée. (*Gruel.*)

Exemplaire sur papier rose.

858. Histoire de l'instruction publique en Europe et principalement en France, depuis le christianisme jusqu'à nos jours, universités, colléges, écoles des deux sexes, bibliothèques publiques, etc., par Vallet de Viriville, illustrations archéologiques exécutées sous la direction de Ferdinand Seré. *Paris*, 1849, in-4, jésus vélin, fig. blasons coloriées, br.

859. Paléographie des chartes et des manuscrits du XIe au XVIIe siècle, par Alph. Chassant. Cinquième

édition, augmentée d'une instruction sur les sceaux et leurs légendes, et de règles de critique propres à déterminer l'âge des chartes et les manuscrits non datés. *Paris, Aug. Aubry*, 1862, pet. in-8, broché.

Exemplaire sur papier vélin chamois, avec les planches sur papier de Chine.

860. Histoire de l'ornementation des manuscrits, par M. Ferdinand Denis. *Paris*, *L. Curmer*, 1857, gr. in-8, pap. fort, fig. br.

VII. BIOGRAPHIE.

861. Vies des hommes illustres de Plutarque, traduites du grec par Ricard, ornées de statues, bas-reliefs, cartes, et de portraits d'après l'antique. *Paris, F.-Aug. Dubois*, 1838-1842, 16 tom. en 28 vol. in-4, br.

Exemplaire en très-grand papier vélin, avec une triple suite de figures, avant la lettre sur chine, contre-épreuves et eaux-fortes.

862. Cornelii Nepotis Vitæ excellentium imperatorum. *Parisiis, Ant.-Aug. Renouard*, 1796, 2 vol. in-18, br.

Exemplaire tiré in-12 sur papier rose.

863. Jehan de Paris, varlet de chambre et peintre ordinaire des rois Charles VIII et Louis XII, par J. Renouvier, précédé d'une notice biographique sur la vie et les ouvrages et la bibliographie complète des œuvres de M. Renouvier, par Georges Duplessis. *Paris, Auguste Aubry*, 1861, 1 vol. in-8, portr. mar. rouge, fil. non rog. tr. sup. dor. (*Chambolle-Duru.*)

Un des 4 exemplaires imprimés sur peau vélin.

864. Ponthus de Thyard, seigneur de Bissy, depuis évêque de Chalon, par J.-P.-Abel Jeandet, étude sur le XVIe siècle. *Paris, Aug. Aubry*, 1860, in-8, portr. mar. brun, fil. tr. dor. (*Petit.*)

Exemplaire sur papier jaune. Un des 5 sur papier de couleur.

865. GEOFROY TORY, peintre et graveur, premier imprimeur royal, réformateur de l'orthographe et de la typographie sous François Ier, par Auguste Bernard, deuxième édition, entièrement refondue. *Paris, Tross,* 1865, gr. in-8, fig. cart.

Un des 2 exemplaires imprimés sur PEAU VÉLIN.

866. Geofroy Tory, peintre et graveur, premier imprimeur royal, réformateur de l'orthographe et de la typographie sous François Ier, par Aug. Bernard. *Paris, Edwin Tross,* 1857, in-8, br.

Exemplaire sur papier vélin collé, avec un double titre.

867. Vie d'Étienne Dolet, imprimeur à Lyon dans le seizième siècle; avec une notice des libraires et imprimeurs-auteurs que l'on a pu découvrir jusqu'à ce jour (par Née de la Rochelle). *Paris, Gogué et Née de la Rochelle,* 1779, in-8, tiré in-4, v. fauve.

25 exemplaires seulement ont été tirés de ce format.

868. ESTIENNE DOLET; sa vie, ses œuvres, son martyre, par Joseph Boulmier. *Paris, Aug. Aubry,* 1857, in-8. mar. bleu, fil. non rog. tr. sup. dor. (*Petit.*)

Un des 4 exemplaires sur papier de couleur. Celui-ci, sur papier vélin bleu, est orné d'une double épreuve du portrait, sur papier chamois et sur papier de Chine, et d'un triple exemplaire, sur papier jaune, sur papier de Chine et sur papier bleu, du titre et de la dédicace.

869. ETUDE biographique et bibliographique sur Symphorien Champier, par M. P. Allut, suivie de divers opuscules françois de Symphorien Champier, l'ordre de chevalerie, le dialogue de noblesse et les antiquités de Lyon et de Vienne. *Lyon, Nicolas Scheuring,* 1859, gr. in-8, portr. mar. vert, fil. (*Chambolle-Duru.*)

Exemplaire unique imprimé sur PEAU VÉLIN.

870. Étude biographique et bibliographique sur Symphorien Champier, par M. P. Allut, suivie de divers opuscules françois de Symphorien Champier, l'ordre de chevalerie, le dialogue de no-

blesse et les antiquités de Lyon et de Vienne. *Lyon, Nicolas Scheuring*, 1859, gr. in-8, pap. teinté, portr. et fig. br. en carton.

871. Vie d'Antoine du Prat, par le marquis du Prat. *Paris, Techener*, 1857, gr. in-8, portr. br.

Exemplaire en grand papier de Hollande, portrait sur chine avant la lettre. Tiré à petit nombre sur ce papier.

872. Recherches sur la vie et sur les œuvres du P. Claude-François Menestrier, de la Compagnie de Jésus; suivies d'un recueil de lettres inédites de ce père à Guichenon, et de quelques autres lettres de divers savants de son temps, inédites aussi, par M. Paul Allut. *Lyon, Nicolas Scheuring*, 1856, gr. in-8, portr. et fig.

873. Nouvelles Recherches littéraires, chronologiques et philologiques, sur la vie et les ouvrages de Bernard de la Monnoye, avec des notes renfermant quelques détails relatifs à Dijon et à la Bourgogne; enrichies du portrait de la Monnoye et d'un facsimile de son écriture, par Gabriel Peignot. *Dijon, Lagier*, 1832, in-8, br.

Tiré à 100 exemplaires.

874. Discours sur la vie et la mort, le caractère et les mœurs de M. d'Aguesseau, conseiller d'Etat, par M. d'Aguesseau, chancelier de France, son fils. *Au château de Fresne,* 1720, in-8, mar. bleu, dent. non rog.

Exemplaire en papier de Hollande d'un volume rare, tiré seulement à 60 exemplaires.

875. Les Confessions de J.-J. Rousseau. *Paris, P. Didot l'aîné*, 1808, 4 vol. gr. in-18, reliés en vélin vert, non rog. dans des étuis.

Un des 2 exemplaires imprimés sur PEAU VÉLIN.

876. Fréron, ou l'illustre critique; sa vie, ses écrits, sa correspondance, sa famille, etc., par Charles Monselet. Frontispice à l'eau-forte avec portraits par Ed. Morin. *Paris, René Pincebourde,* 1864,

in-16, mar. orange, fil. tr. dor. (*Thibaron-Échaubard.*)

Un des 2 exemplaires imprimés sur PEAU VÉLIN.
Le frontispice est triple, tiré en noir, en bistre et en rouge.
De la bibliothèque de M. Desq.

877. Cazin, sa vie et ses éditions, par un cazinophile. *Cazinopolis*, 1863, pet. in-18, tiré gr. in-8, pap. de Hollande.

50 exemplaires seulement ont été tirés de ce format.

878. ROUGET DE LISLE et la Marseillaise, par J. Poisle-Desgranges. Eau-forte par G. Staal. *Paris, Bachelin-Deflorenne*, 1864, 1 vol. in-18, cart. en toile, non rog.

Exemplaire imprimé sur PEAU VÉLIN.

879. Histoire de la vie et des travaux politiques du comte d'Hauterive, comprenant une grande partie des actes de la diplomatie française depuis 1784 jusqu'en 1830, par M. le chevalier Artaud de Montor. *Paris, Adrien Leclère et compagnie*, 1829, gr. in-8, portr. dos et coins de veau gris, non rog. tr. sup. dor. (*Petit.*)

Sur papier de Chine. La note suivante est imprimée au verso du faux-titre : « Cet ouvrage, tiré à 1 exemplaire sur papier couleur de chair et à 25 sur papier de Chine, ne se vend pas. »

880. Essai sur la vie et les ouvrages de Gabriel Peignot, accompagné de pièces de vers inédites, par J. Simonnet. *Paris, Aug. Aubry*, 1863, gr. in-8, broché.

Exemplaire sur papier vélin jaune. L'un des 15 sur papier de couleur.

881. MADAME DE LAMARTINE, par Armand Lebailly. (Eau-forte par G. Staal.) *Paris, Bachelin-Deflorenne*, 1864, in-18, cart. en toile, non rog.

Exemplaire unique imprimé sur PEAU VÉLIN.

882. ÉLISA MERCOEUR, H. de la Morvonnais, Georges Farcy, Charles Dovalle, Alphonse Rabbe, par Jules Claretie. Eau-forte, par G. Staal. *Paris,*

Bachelin-Deflorenne, 1864, in-18, cart. en toile, non rog.

Exemplaire imprimé sur PEAU VÉLIN.

883. LA LISETTE de Béranger, souvenirs intimes, par Thalès Bernard. Eau-forte par G. Staal. *Paris, Bachelin-Deflorenne,* 1864, in-18, cart. en toile, non rog.

Exemplaire imprimé sur PEAU VÉLIN.

884. LAMENNAIS, sa vie intime à la Chenaie, par J.-Marie Peigné. Eau-forte par G. Staal. *Paris, Bachelin-Deflorenne,* 1864, in-18, cart. en toile, non rog.

Exemplaire imprimé sur PEAU VÉLIN.

885. GÉRARD DE NERVAL, sa vie et ses œuvres, par Alfred Delvau. Eau-forte par G. Staal. *Paris, Bachelin-Deflorenne,* 1865, in-18, cart. en toile, non rog.

Exemplaire imprimé sur PEAU VÉLIN.

VIII. BIBLIOGRAPHIE.

1. *Introduction. — Bibliographie générale. — Histoire des bibliothèques.*

886. Philobiblion, excellent traité sur l'amour des livres, par Richard de Bury, évêque de Durham, grand chancelier d'Angleterre, traduit pour la première fois en français, précédé d'une introduction et suivi du texte latin revu sur les anciennes éditions et les manuscrits de la Bibliothèque impériale, par Hippolyte Cocheris. *Paris, Aug. Aubry,* 1856, pet. in-8, br.

Exemplaire sur papier vert.

887. L'AMOUR DES LIVRES, par Jules Janin. *Paris, J. Miard,* 1866, in-12, cart.

Un des 4 exemplaires imprimés sur PEAU VÉLIN.

888. Traité du choix des livres, par Gabriel Peignot. *Paris, Ant.-Aug. Renouard,* 1817, in-8, cartonné.

889. Essai de curiosités bibliographiques, par Gabriel Peignot. *Paris, Ant.-Aug. Renouard,* 1804, in-8, pap. vélin, veau fauve, fil. tr. dor.

890. Histoire de la bibliophilie, reliure, recherches sur les bibliothèques des plus célèbres amateurs, armorial des bibliophiles, publiée par J. et L. Techener, et accompagnée de planches gravées à l'eau-forte, par M. Jules Jacquemart. *Paris, J. Techener,* 1861-1864, 10 livr. in-fol.

891. La Chasse aux bibliographes et antiquaires mal-avisés, par un des élèves de M. l'abbé Rive (par l'abbé Rive). *Londres, N. Aphobe,* 1788, 2 part. in-8, br. non rog.

892. Histoire de l'imprimerie, par Paul Dupont. *Paris, chez tous les libraires,* 1854, 2 vol. gr. in-8, jésus vélin, texte encadré.

893. Manuel typographique utile aux gens de lettres (par Fournier). *Paris, Barbou,* 1764, 2 vol. pet. in-8, mar. rouge, large dent. tr. dor. (*Rel. anc.*)

894. Marques typographiques, ou recueil des monogrammes, chiffres, enseignes, emblèmes, devises, rébus et fleurons des libraires et imprimeurs qui ont exercé en France depuis l'introduction de l'imprimerie, en 1470, jusqu'à la fin du seizième siècle : à ces marques sont jointes celles des libraires et imprimeurs qui, pendant la même période, ont publié, hors de France, des livres en langue française. *Paris, P. Jannet,* 1853-60, 2 vol. gr. in-8, en feuilles.

Un des 25 exemplaires en grand papier vélin collé.

895. Bibliographie instructive, ou traité de la connaissance des livres rares et singuliers, par Guillaume François de Bure le jeune. *Paris, de Bure,* 1763, 7 vol. — Supplément à la Bibliographie

instructive, ou catalogue des livres du cabinet de feu M. Louis-Jean Gaignat. *Paris, de Bure*, 1779, 2 vol. — Bibliographie instructive, tome dixième, contenant une table destinée à faciliter la recherche des livres anonymes qui ont été annoncés par M. de Bure le jeune, dans sa Bibliographie instructive et dans le catalogue de M. Gaignat, et à suppléer à tout ce qui a été omis dans les tables de ces deux ouvrages. *Paris, Gogué et Née de la Rochelle*, 1782, 1 vol. Ensemble 10 vol. in-8, tirés in-4, veau fauve, fil. tr. dor. (*Bradel.*)

Cet exemplaire, qui est celui de M. de Bure, renferme des particularités qui le rendent unique.

896. Répertoire bibliographique universel, contenant la notice raisonnée des bibliographies spéciales publiées jusqu'à ce jour, et d'un grand nombre d'autres ouvrages de bibliographie, relatifs à l'histoire littéraire et à toutes les parties de la bibliologie, par Gabriel Peignot. *Paris, Ant.-Aug. Renouard*, 1812, in-8, demi-rel.

896 *bis*. J.-CH. BRUNET. Manuel du libraire et de l'amateur de livres; cinquième édition, entièrement refondue et augmentée d'un tiers par l'auteur. *Paris, Firmin Didot frères*, 1860-1864, 6 tom. en 12 vol. gr. in-8, fig. br.

Exemplaire en grand papier de Hollande.

897. Manuel bibliographique, ou essai sur les bibliothèques anciennes et modernes, et sur la connaissance des livres, des formats, des éditions; sur la manière de composer une bibliothèque choisie, classée méthodiquement, et sur les principaux ouvrages à consulter dans chaque partie de l'enseignement des écoles centrales: le tout suivi de plusieurs notices bibliographiques, instructives et curieuses, par G. P..... (Gabriel Peignot). *Paris*, 1800, in-8, cart.

898. La Librairie de Jean, duc de Berry, au château de Mehun-sur-Yèvre (1416), publiée en entier pour

la première fois d'après les inventaires et avec des notes, par Hiver de Beauvoir. *Paris, Auguste Aubry*, 1860, pet. in-8, br.

Un des 10 exemplaires sur papier chamois.

899. Bibliothèque protypographique, ou librairie des fils du roi Jean, Charles V, Jean de Berry, Philippe de Bourgogne et les siens (par Barrois). *Paris, de l'impr. de Crapelet*, 1830, in-4, fig. et blasons, dos et coins mar. violet, non rog. tr. sup. dor. (*Gruel.*)

899 *bis*. Mémoire historique sur la bibliothèque dite de Bourgogne, présentement bibliothèque publique de Bruxelles, par M. de la Serna Santander. *Bruxelles, A.-J.-D. de Braeckenier*, 1809, in-8, veau fauve, fil. tr. dor. (*Simier.*)

900. Les Manuscrits françois de la Bibliothèque du roi, leur histoire et celle des textes allemands, anglois, hollandois, italiens, espagnols, de la même collection, par M. Paulin Pâris. *Paris, Techener*, 1836-1848, 7 vol. gr. in-8, dos et coins mar. olive, non rog. tr. sup. dor.

Exemplaire en grand papier vélin.

901. Catalogue des livres imprimés sur vélin, de la Bibliothèque du roi (par Van Praët). *Paris, de Bure frères*, 1822-1828, 6 tom. en 5 vol. — Catalogue de livres imprimés sur vélin qui se trouvent dans des bibliothèques tant publiques que particulières, pour servir de suite au catalogue des livres imprimés sur vélin de la Bibliothèque du roi (par Van Praët). *Paris, de Bure frères*, 1824-1828, 4 vol. Ensemble 9 vol. in-8, br.

902. Histoire de la bibliothèque Mazarine depuis sa fondation jusqu'à nos jours, par Alfred Franklin. *Paris, Aug. Aubry*, 1860, pet. in-8, br.

Un des 4 exemplaires sur papier bleu.

903. Recherches sur la bibliothèque de la Faculté de médecine de Paris, d'après des documents en-

tièrement inédits, suivies d'une notice sur les manuscrits qui y sont conservés, par Alfred Franklin. *Paris, Aug. Aubry*, 1864, in-8, br.

Un des 10 exemplaires sur papier chamois.

904. Bibliothèque de la reine Marie-Antoinette au Petit Trianon, d'après l'inventaire original et dressé par ordre de la Convention. Catalogue avec des notes inédites du marquis de Paulmy, mis en ordre et publié par Paul Lacroix, conservateur de la bibliothèque de l'Arsenal. *Paris, Jules Gay*, 1863, pet. in-12, mar. rouge, tr. dor. (*Chambolle-Duru.*)

Un des 2 exemplaires imprimés sur PEAU VÉLIN.

905. Livres du boudoir de la reine Marie-Antoinette, catalogue authentique et original, publié pour la première fois avec préface et notes par Louis Lacour. *Paris, J. Gay, s. d.*, pet. in-12, mar. rouge, fil. tr. dor. (*Chambolle-Duru.*)

Un des 2 exemplaires imprimés sur PEAU VÉLIN.

2. *Catalogues de bibliothèques particulières.*

906. Catalogue des livres du cabinet de M. de Boze. *S. l.*, 1745, pet. in-fol. front. gr. mar. rouge, fil. tr. dor. (*Anc. rel.*)

On lit sur un des feuillets de garde la note suivante :
« Ce livre m'a esté donné par M. de Boze, et il n'en a été tiré que trente-six exemplaires.

De Cangé. »

907. Catalogue des livres du cabinet de Girardot de Préfond, par Guillaume-Franç. de Bure, le jeune. *Paris, chez Guill.-Fr. de Bure, le jeune*, 1757, gr. in-8 réglé, mar. rouge, fil. doublé de tabis, tr. dor. (*Anc. rel.*)

Avec les prix.
Un des 6 exemplaires tirés sur grand papier de Hollande. Celui-ci, avec le titre en rouge, le nom du propriétaire et ses armes supérieurement dessinées à la plume sur le titre et gravées sur le dos du volume, doit être celui de Girardot de Préfond. Il a appartenu à Méon, au comte d'Ourches et à Châteaugiron.

908. Catalogue des livres de M. L. C. D. L. (M. le Camus de Limare), distribué par ordre alphabétique des noms d'auteurs. *S. l.* (*Paris*), 1779, in-12, pap. fin de Hollande, mar. rouge, fil. tr. dorée. (*Derome.*)

Cet exemplaire d'une édition très-rare, tirée, dit-on, à 12 exemplaires, a appartenu à Mérard de Saint-Just, puis à Pixerécourt.

Il peut être considéré comme unique, étant interfolié de papier blanc sur lequel Le Camus de Limare a enregistré les articles acquis par lui depuis l'impression de ce catalogue.

909. Catalogue des livres de la bibliothèque de feu M. le duc de la Vallière, seconde partie, disposée par Jean-Luc Nyon l'aîné. *Paris, Nyon l'aîné*, 1784, 6 vol. in-8, veau fauve, dent. tr. dor. (*Bradel-Derome.*)

Bel exemplaire en grand papier de Hollande.

910. Catalogue des livres précieux du cabinet de feu M. Lolliée, procureur de la Chambre des comptes. *Paris, Guillaume de Bure*, 1790, in-8, mar. vert, dent. tabis, tr. dor. (*Bradel-Derome.*)

Avec les prix. Un des 2 exemplaires sur papier vélin.

911. Bibliotheca elegantissima Parisina. Catalogue de livres choisis, provenant du cabinet d'un amateur très-distingué. *Londres, Edwards, et Paris, Laurent,* 1790, in-8, tiré in-4, pap. vélin, mar. vert, dent. doublé de tabis, tr. dor. (*Bradel-Derome.*)

Cet exemplaire a appartenu à Renouard et renferme la note suivante, écrite de sa main sur une des gardes en vélin : « Ce catalogue contient beaucoup de livres précieux, et il serait plus véritablement intéressant et surtout plus utile, s'il était moins rempli de fautes typographiques, qui ne permettent point la moindre confiance sur l'indication d'une date ou d'un format, lorsqu'il s'agit d'éditions peu connues. Cet exemplaire a le petit mérite d'être le seul qui existe de format in-4. J'y ai ajouté les prix de la vente, et sur la marge intérieure ceux de l'estimation faite avant la vente par les propriétaires. »

Pour rectifier ou pour compléter cette note, il convient de dire que de ce catalogue il existe au moins deux exemplaires in-4, puisque Pixerécourt en possédait un, annoncé lui aussi comme unique, et qui n'était pas celui-ci; puis enfin que l'amateur dont les livres se vendirent avec ceux de Pâris était Chardin, ce libraire bibliophile bien connu.

912. Catalogue des livres rares et precieux de la bibliothèque de M. Mel de Saint-Céran. *Paris*,

Guil. de Bure l'aîné, 1791, 1 vol. in-8, mar. vert, fil. tabis, tr. dor. (*Bradel.*)

Avec les prix. L'un des 6 exemplaires sur papier vélin.

913. Catalogue des livres de la bibliothèque de feu M. Mirabeau l'aîné. *Paris, Rozet,* 1791, in-8, veau porphyre, fil. tr. dor.

Avec les prix et le portrait de Mirabeau gravé par Fiesinger d'après Guérin.

914. Catalogue des livres rares et précieux de la bibliothèque de feu M. A. *Paris, Ant.-Aug. Renouard,* 1806. — Notice des principaux livres de la bibliothèque de M. de V. *Paris, Ant.-Aug. Renouard,* 1806, 2 part. en 1 vol. in-8, demi-rel. mar. rouge, non rog.

Avec les prix. Seul exemplaire en grand papier. Il provient de Renouard.

915. Catalogue des livres rares et précieux de la bibliothèque de feu M. Detune. *Paris, A.-A. Renouard,* 1806, in-8, mar. citron, tr. dor.

916. Catalogue des livres manuscrits et imprimés, des peintures, dessins et estampes du cabinet de M. L... (Lamy). *Paris, Ant.-Aug. Renouard,* 1807, in-8, mar. citron, dent. non rog. (*Bozérian.*)

Avec les prix. Un des 5 exemplaires en papier de Hollande.

917. Catalogue des livres rares et précieux de la bibliothèque de feu M. Ant.-Bern. Caillard. *Paris, de Bure,* 1808, in-8, mar. rouge, dent. tr. dor. (*Bradel-Derome.*)

Avec les prix. Un des 25 exemplaires en très-grand papier de Hollande.

918. Catalogue des livres rares, précieux et bien conditionnés du cabinet de M. Firmin Didot. *Paris, de Bure,* 1810, in-8, br.

Avec les prix. Un des 10 exemplaires en grand papier vélin.

919. Catalogue des livres rares, précieux et bien conditionnés du cabinet de M*** (Léon d'Ourches, de Nancy), par J.-Ch. Brunet fils. *Paris, Brunet, de l'impr. de Crapelet,* 1811, in-8, cart.

Un des 20 exemplaires en grand papier de Hollande de format in-4. Avec les prix.

920. Catalogue des livres rares et précieux de la bibliothèque de feu M. le comte de Mac-Carthy Reagh. *Paris, de Bure frères*, 1815, 3 tom. en 2 vol. gr. in-8, fac-sim. dos et coins mar. bleu, non rog. tr. sup. dor. (*Müller.*)

Un des 6 exemplaires en grand papier de Hollande. Avec les prix imprimés.

921. Notice abrégée des livres imprimés sur vélin de la bibliothèque de feu M. le comte de Mac-Carthy. *Paris*, 1815, in-4, demi-rel.

Imprimé sur PEAU VÉLIN.
Cette notice, extraite du Catalogue de Mac-Carthy, n'a été tirée qu'à 15 exemplaires, 12 sur papier et 3 sur vélin. Celui-ci a appartenu à M. de Bure l'aîné.

922. Bibliotheca splendidissima, a catalogue of a superlatively splendid and extensive library, consigned from the continent. *London*, 1816, 1 vol. in-8, dos et coins mar. bleu, non rog. tr. sup. dorée.

Avec les prix, le nom des acquéreurs et un portrait de Talleyrand.

923. Catalogue de la bibliothèque d'un amateur (Ant.-Aug. Renouard), avec notes bibliographiques, critiques et littéraires. *Paris, Ant.-Aug. Renouard*, 1819, 4 vol. in-8, cart.

Exemplaire en grand papier vélin.

924. Catalogue des livres, la plupart rares et précieux, et tous de la plus belle condition, faisant partie de la bibliothèque de M. le marquis de Ch*** (Châteaugiron). *Paris, Merlin*, 1827, in-8, demi-rel. mar. v. tête dor. non rog.

Un des 27 exemplaires en grand papier vélin. On y a joint la liste manuscrite des prix.

925. Mélanges tirés d'une petite bibliothèque, ou variétés littéraires et philosophiques, par Charles Nodier. *Paris, Crapelet*, 1829, in-8, cart. non rogné.

Exemplaire en grand papier jésus vélin, auquel on a joint un portrait.

926. Mélanges tirés d'une petite bibliothèque, ou variétés littéraires et philosophiques, par Ch. Nodier.

Paris, *Crapelet*, in-8, 1829, demi-rel. portr. cart. non rog.

Exemplaire en grand papier vélin.

927. Description raisonnée d'une jolie collection de livres (Nouveaux Mélanges tirés d'une petite bibliothèque), par Charles Nodier, précédée d'une introduction par M. G. Duplessis, de la vie de M. Charles Nodier par M. Francis Wey, et d'une notice bibliographique sur ses ouvrages. *Paris*, *J. Techener*, 1844, in-8, br.

Un des 20 exemplaires en grand papier jésus vélin. On y a joint un portrait de Ch. Nodier.

928. Catalogue des livres manuscrits et imprimés, et des objets d'arts, du cabinet de M. B. (Bourdillon). *Paris*, *Merlin*, 1830. — Vente de livres, la plupart rares et d'une belle condition (du cabinet de M. Bourdillon). *Paris*, *Merlin*, 1834. — Notice d'un choix de livres provenant du cabinet de M. J.-L. B. (Bourdillon). *Paris, Henri Labitte,* 1845. — Catalogue de beaux livres anciens, manuscrits et autographes, provenant du cabinet de M. J.-L. B. (Bourdillon). *Paris*, *Tillard*, 1847, 4 part. en 1 vol. in-8, demi-rel. mar. vert, non rog. (*Hardy*.)

Avec les prix. Recueil curieux et rare, provenant du cabinet de Veinant et rempli de ses notes.

929. Catalogue de la riche bibliothèque de Rosny. *Paris*, *Bossange*, *s. d.* (1837), gr. in-8, pap. vélin, fig. demi-rel. veau fauve. (*Kœhler*.)

Avec les prix.

930. Catalogue des livres rares et précieux de la bibliothèque de M. le comte de la Bédoyère. *Paris*, *Silvestre,* 1837, in-8, demi-rel. dos et coins mar. rouge.

Papier de Hollande, table des prix.

931. Description historique et bibliographique de la collection de feu M. le comte de la Bédoyère sur la révolution française, l'empire et la restau-

ration, rédigée par France. *Paris, France*, 1862, gr. in-8, portr. br.

Exemplaire en grand papier de Hollande, portrait sur chine.

932. Catalogue des livres rares et précieux, imprimés et manuscrits, dessins et vignettes, composant la bibliothèque de feu M. le comte H. de la Bédoyère. *Paris, L. Potier*, 1862, in-8, br.

Exemplaire en grand papier de Hollande, avec les prix imprimés et manuscrits, la table des auteurs, et la notice de J. Janin.

933. Bibliothèque de M. G. de Pixerécourt, avec des notes littéraires et bibliographiques de MM. Charles Nodier et Paul Lacroix. *Paris*, 1839, in-8, demi-rel. mar. rouge, tr. sup. dor. (*Petit.*)

Exemplaire en grand papier de Hollande, avec toutes les suites et suppléments.

On y trouve : 1° un portrait de Pixerécourt sur papier de Chine; 2° le catalogue des livres et brochures relatifs à la Révolution française, avec le titre imprimé en rouge; 3° le catalogue des autographes et manuscrits; 4° la table des prix d'adjudication, et enfin un carton qui a été supprimé et qui relate une anecdote scandaleuse relative à la duchesse d'Aiguillon.

934. Catalogue des livres imprimés, manuscrits, estampes, dessins et cartes à jouer, composant la bibliothèque de M. C. Leber : avec des notes par le collecteur. *Paris, Techener*, 1839, et *Jannet*, 1852, 4 vol. gr. in-8, fig. br.

Exemplaire en grand papier de Hollande, avec les figures doubles, noires et coloriées.

935. Catalogue des livres composant le fonds de librairie de feu M. Crozet, libraire de la Bibliothèque royale; publié avec des notes littéraires et bibliographiques de MM. Charles Nodier, G. Duplessis et Le Roux de Lincy. *Paris*, *Colomb de Batines*, 1841, in-8, br.

Avec les prix. Un des 20 exemplaires en très-grand papier de Hollande et l'un des 10 avec le titre en rouge.

936. Catalogue des livres, dessins et estampes de la bibliothèque de feu M. J.-B. Huzard. *Paris*, *veuve Bouchard-Huzard*, 1842, 3 vol. in-8, demi-rel. mar. vert, non rog. (*Hardy.*)

Avec les prix. On a joint à cet exemplaire le portrait de J.-B. Huzard, plusieurs notices biographiques et des errata, additions et pièces diverses relatives à cette curieuse collection.

937. Catalogue des livres composant la bibliothèque poétique de M. Viollet-le-Duc, avec des notes bibliographiques, biographiques et littéraires sur chacun des ouvrages catalogués, pour servir à l'histoire de la poésie en France. *Paris, L. Hachette,* 1843, in-8, br. — Chansons, fabliaux, contes en vers et en prose, facéties, pièces comiques et burlesques, dissertations singulières, aventures galantes, amoureuses, prodigieuses. *Paris, J. Flot,* 1847, in-8, br.

938. Bibliothèque dramatique de M. de Soleinne. Catalogue rédigé par P. L. Jacob, bibliophile. *Paris, Administration de l'alliance des arts,* 1843, 5 tom. en 4 vol. in-8, demi-rel. mar. violet, non rog. tr. sup. dor.

Un des 25 exemplaires en papier vélin, bien complet.

939. Catalogue des livres en petit nombre composant la bibliothèque de M. Vivenel. *Paris, Techener,* 1844, gr. in-8, fig. mar. v. fil. tête dor. (*Petit.*)

Exemplaire sur papier vélin rose. L'édition n'a été tirée qu'à 100 exemplaires sur papier de Hollande et 5 sur papier de couleur.

On a joint à celui-ci, qui porte un envoi autographe de M. Vivenel au comte de Vielcastel, l'opuscule suivant sur papier bleu, dont il n'existe aussi que 5 exemplaires : Notice bibliographique sur la bibliothèque de M. Vivenel, par M. Alkan aîné. *Paris, impr. de Fournier,* 1845, 16 pages in-8.

940. Catalogue de livres rares et précieux, éditions elzéviriennes. Exemplaires sur peau vélin, grands ouvrages à figures, journaux et pièces historiques de la révolution française, etc., provenant du cabinet de M. M*** (Millot), rédigé par P. L. Jacob, bibliophile. *Paris, Administration de l'alliance des arts,* 1846, in-8, dos et coins mar. vert, non rog. tr. sup. dor.

Avec les prix. Un des 25 exemplaires en papier vélin.

941. Catalogue de la bibliothèque de M. L*** (Libri-

Carucci). *Paris*, *Silvestre*, 1847, in-8, demi-rel. mar. rouge, non rog. tr. sup. dor.

Un des 12 exemplaires en grand papier de Hollande, avec les prix imprimés et manuscrits.

942. Catalogue de la bibliothèque de feu M. Jérôme Bignon, composée d'un choix considérable de livres rares, curieux et singuliers, manuscrits et imprimés, dont une partie sur peau vélin, de grands ouvrages à figures et d'une collection d'autographes de personnages célèbres. (*Paris*), *Chimot*, 1848, gr. in-8, cart.

Exemplaire en grand papier vélin fort, avec les prix.

943. Catalogue de la bibliothèque de M. Victor de Saint-M*** (Mauris), composée d'un choix considérable de très-beaux livres dans tous les genres, illustrés d'un grand nombre de portraits et de vignettes. *Paris, Potier,* 1848, in-8, dos et coins mar. rouge, non rog. tr. sup. dor. (*Kisiel.*)

Avec les prix.

944. Catalogue des livres composant la bibliothèque de feu le lieutenant-général Despinoy, précédé d'une notice biographique par M... D. R. B. *Paris, Techener*, 1849, in-8, demi-rel. veau fauve, non rog.

Avec les prix. Un des 20 exemplaires en grand papier de Hollande.

945. Catalogue d'une précieuse collection de livres anciens, rares et curieux: théologie, beaux-arts, poëtes, conteurs, nouvelles, romans de chevalerie, littérature, histoire de France, etc., en beaux exemplaires la plupart reliés par nos premiers artistes et particulièrement remarquables par un choix d'ouvrages sur l'histoire de Lorraine, provenant du cabinet de M. Ch. B... (Buvignier) de V.(Verdun). *Paris, Techener,* 1849, in-8, demi-rel. mar. r. non rog. tr. sup. dor.

Un des 5 exemplaires en grand papier de Hollande, avec les prix.

946. Catalogue des livres rares et précieux de la bi-

bliothèque de M. E. B... (Baudelocque). *Paris, Potier,* 1850, in-8, demi-rel. mar. bl. tr. sup. dor.

Exemplaire en grand papier de Hollande, avec les prix imprimés et manuscrits.

947. Catalogue des collections de feu M. Toussaint Grille, d'Angers, ancien bibliothécaire de cette ville. Antiquités, curiosités, objets d'art; sacellum romain en argent, 9000 médailles, belle et nombreuse bibliothèque; manuscrits, archives et autographes. *Angers, Cosnier et Lachèse,* 1851, in-8, fig. dos et coins mar. vert, non rog. tr. sup. dorée.

Avec les prix.

948. Catalogue des livres rares et précieux, manuscrits et imprimés, de la bibliothèque de feu M. J.-J. de Bure, ancien libraire du roi et de la Bibliothèque royale. *Paris, Potier,* 1853, in-8, br.

Exemplaire en papier de Hollande, avec les prix imprimés et manuscrits et la notice de M. de Sacy, extraite du *Journal des Débats.*

949. Catalogue d'une jolie collection de livres, composée des plus belles éditions des auteurs latins, français et italiens, imprimées par les Elzevier, de quelques Aldes, d'un choix de vieux poëtes français, de classiques français en grand papier, etc. *Paris, L. Potier,* 1853, pet. in-12, mar. vert, tr. dor. (*Capé.*)

Un des 12 exemplaires sur papier vélin rose. C'est le catalogue des livres du prince Napoléon Camerata.

950. Catalogus librorum doctoris D. Joach. Gomez de la Cortina, march. de Morante, qui in ædibus suis exstant. *Matriti, apud Eusebium Aguado,* 1854-1859, 6 vol. in-8, br.

Cet ouvrage n'a point été mis daus le commerce, et les exemplaires en sont très-rares en France. Une particularité de ce catalogue est de donner le prix coûtant de chaque ouvrage.

951. Catalogue des livres, estampes et dessins composant la bibliothèque et le cabinet de feu M. Armand Bertin, rédacteur en chef du Journal des

débats. *Paris*, *Techener*, 1854. — Catalogue des estampes et dessins qui composaient le cabinet de feu M. Armand Bertin. *Paris*, *Techener*, 1854, 2 part. en 1 vol. gr. in-8, dos et coins mar. bleu, non rog. tr. sup. dor.

Avec les prix.

952. Catalogue des livres en partie rares et précieux composant la bibliothèque d'un amateur (M. L. Tripier). *Paris*, *L. Potier*, 1854, in-16, pap. vélin rose, mar. r. tr. dor. jans. (*Hardy*.)

953. Catalogue d'une précieuse collection de livres, manuscrits, autographes, dessins et gravures composant la bibliothèque de feu M. Antoine-Augustin Renouard. *Paris*, *Potier*, 1854. — Catalogue de lettres autographes provenant du cabinet de feu M. Antoine-Augustin Renouard. *Paris*, *Laverdet*, 1855. — Catalogue des livres composant la bibliothèque de feu M. Jules Renouard. *Paris*, *Potier*, 1855, 3 part. en 1 vol. in-8, dos et coins, mar. vert, non rog. tr. sup. dor.

Exemplaire bien complet, avec le supplément, la table des auteurs, la table des prix imprimés et les mêmes mis à la main en regard de chacun des articles de ces trois catalogues.

954. Catalogue des livres rares et précieux composant la bibliothèque de M. Ch. G... (Giraud). *Paris*, *L. Potier*, 1855, in-8, dos et coins mar. brun. non rog. tr. sup. dor.

Avec les prix. L'un des 10 exemplaires sur papier de Hollande.

955. Catalogue of the extraordinary collection of splendid manuscripts chiefly upon vellum in various languages of Europe and the East, formed by M. Guglielmo Libri. (*London*), *S. Leigh*, *Sotheby et John Wilkinson*, 1859, gr. in-8, avec 37 planches de fac-simile, demi-rel. mar. rouge, non rog. tr. sup. dor. (*David*.)

Avec les prix.

956. Catalogue de livres manuscrits et imprimés composant la bibliothèque de M. Armand Cicongne,

membre de la Société des bibliophiles, précédé d'une notice bibliographique par M. Le Roux de Lincy. *Paris, Potier,* 1861, in-8, v. f. tr. dorée. (*Petit.*)

Exemplaire en grand papier de Hollande.

957. Catalogue de mes livres (bibliothèque de M. Yemeniz de Lyon). *Lyon, impr. Louis Perrin,* 1865, 3 vol. in-4, pap. teinté, br.

958. Catalogue de la bibliothèque de M. le comte Charles de l'Escalopier, avec une notice sur sa vie. *Paris, J.-F. Delion,* 1866-67, 3 vol. in-8, portr. broché.

Exemplaire en papier de Hollande.

959. Catalogue des livres de la bibliothèque du prince Michel Galitzin, rédigé d'après ses notes autographes par Ch. Gunzbourg. *Moscou, impr. de l'institut Lazareff des langues orientales,* 1866, gr. in-4, mar. violet, tr. dor.

3. *Bibliographies spéciales.*

960. Essai bibliographique sur les éditions des Elzevirs les plus précieuses et les plus recherchées, précédé d'une notice sur ces imprimeurs célèbres, (par Bérard). *Paris, Firmin Didot,* 1822, in-8, br.

Exemplaire rempli de notes manuscrites de M. Millot.

961. Analyse des matériaux les plus utiles pour de futures annales de l'imprimerie des Elzevier. *Imprimé chez C. Annoot-Braeckman, à Gand,* 1843, gr. in-8, pap. vélin, br.

Tiré à 50 exemplaires, distribués en présent. Tableaux généalogiques et armoiries coloriées.

962. Recherches historiques, généalogiques et bibliographiques sur les Elzevier, par A. de Reume. *Bruxelles, imprimerie de la Société typographique belge,* 1847, gr. in-8, portr. br.

Exemplaire sur papier vélin couleur de chair, auquel on a joint deux lettres de M. de Reume à Renouard.

963. Musée bibliographique; collection d'ouvrages imprimés et manuscrits, dont le moindre prix est de 1000 francs, recueillis et publiés par H.-J. Hoyois, ancien imprimeur libraire. *Mons, Hoyois-Derely*, 1837, gr. in-8, br.

964. Recherches sur Jean Grolier, sur sa vie et sa bibliothèque, suivies d'un catalogue des livres qui lui ont appartenu, par Le Roux de Lincy. *Paris, L. Potier*, 1866, 1 vol. gr. in-8, fig. et fac-simile.

Exemplaire en grand papier de Hollande.

965. Description bibliographique et analyse d'un livre unique qui se trouve au Musée britannique, par Tridace-Nafé-Théobrome, gentilhomme breton. *Au Meschacébé, chez el Eriarbil, York-Street*, 1849, gr. in-8, pap. de Holl. br.

Tiré à 100 exemplaires numérotés et non mis dans le commerce.

966. Notice des livres facétieux qui se trouvent à la bibliothèque de l'Arsenal, et le numéro sous lequel chacun d'eux est classé. In-8, mar. rouge, fil. non rog. (*Thouvenin.*)

Manuscrit autographe de Caron, éditeur bien connu de la Collection de facéties anciennes, réimprimées de 1798 à 1806. Ce volume a appartenu à Charles Nodier (vente de 1830), qui en parle dans ses Mélanges, puis à Jérôme Bignon (vente de 1848).

967. Questions illustres, ou bibliothèque des livres singuliers en droit; analyse d'un très-grand nombre de ces livres, et recueil d'arrêts sur les questions de droit singulières, par Julien-Michel Dufour. *Paris, Tardieu-Denesle*, 1813, in-12, dos et coins mar. non rog. tr. sup. dor. (*Capé.*)

968. Catalogue complet des Républiques, par de la Faye; nouvelle édition publ. par Chenu. *Paris, Potier*, 1854, in-18, mar. rouge, fil. (*Capé.*)

Exemplaire imprimé sur peau vélin.

969. Histoire des livres populaires, ou de la littérature du colportage depuis le XVe siècle, par M. Charles Nisard. *Paris, Amyot*, 1854, 2 vol. gr. in-8, fig. br.

970. Livres populaires imprimés à Troyes de 1600 à 1800. Hagiographie, ascétisme. Ouvrage orné de 120 gravures tirées avec les bois originaux, par Alexis Socard. *Paris*, *Aug. Aubry*, 1864, in-8, pap. de Holl. br.

Tiré à 200 exemplaires numérotés. Celui-ci porte le n° 73.

971. Bibliographie douaisienne, ou catalogue historique et raisonné des livres imprimés à Douai depuis l'année 1563 jusqu'à nos jours, avec des notes bibliographiques et littéraires, par M. R. Duthillœul, nouvelle édition. considérablement augmentée. *Douai*, *Adam d'Aubers*, 1842, 1 vol. in-8, demi-rel. veau fauve, non rog.

Exemplaire en grand papier de Hollande.

972. OEttinger. Bibliographie biographique. *Bruxelles*, *Stienon*, 1854, 2 vol. gr. in-8, br.

973. Collection de matériaux pour l'histoire de la révolution de France, depuis 1787 jusqu'à ce jour. — Bibliographie des journaux, par M. D... S. (Deschiens). *Paris*, *Barrois l'aîné*, 1829, in-8, broché.

974. Guide de l'amateur de livres à vignettes du XVIIIe siècle, par Henry Cohen. *Paris*, *Rouquette*, 1870, in-8, br.

975. Bibliographie des principaux ouvrages relatifs à l'amour, aux femmes, au mariage, indiquant les auteurs de ces ouvrages, leurs éditions, leur valeur et les prohibitions ou condamnations dont certains d'entre eux ont été l'objet, par M. le comte d'I***. *Paris*, *Jules Gay*, 1861, gr. in-8, br.

976. Bibliotheca scatologica, ou catalogue raisonné des livres traitant des vertus, faits et gestes de très-noble et très-ingénieux messire Luc (à rebours), seigneur de la chaise et autres lieux, ouvrage très-utile pour bien et proprement s'entretenir ès-jours gras de carême prenant, traduit du prussien et enrichi de notes très-congruantes au sujet, par

trois savants en us. *Scatopolis*, *chez les marchands d'aniterges*, *l'année scatogène* 5850, gr. in-8, mar. fauve, fil. fers spéciaux, tr. dor. (*Duru.*)

Un des 25 exemplaires sur papier de couleur dit scatochrome.

977. Dictionnaire critique, littéraire et bibliographique des principaux livres condamnés au feu, supprimés ou censurés; précédé d'un discours sur ces sortes d'ouvrages, par G. Peignot. *Paris, A.-A. Renouard*, 1806, 2 vol. in-8, br.

978. Bibliographie historique et topographique de la France, ou catalogue de tous les ouvrages imprimés en français depuis le XVe siècle jusqu'au mois d'avril 1845, par A. Girault de Saint-Fargeau. *Paris, Firmin Didot frères*, 1845, gr. in-8, br.

Exemplaire sur papier vélin bleu.

979. La France littéraire, ou dictionnaire bibliographique des savants, historiens et gens de lettres de la France, ainsi que des littérateurs étrangers qui ont écrit en français, plus particulièrement pendant les XVIIIe et XIXe siècles, par J.-M. Quérard. *Paris, Firmin Didot*, 1828, 10 vol. in-8, br.

Exemplaire en grand papier de Hollande.

FIN

TABLE DES DIVISIONS.

THÉOLOGIE.

Nos

I. Écriture sainte. — Figures bibliques. — Philologie sacrée.. 1
II. Liturgie........ 22
III. Saints-Pères et théologiens........ 37
IV. Sermonnaires........ 59
V. Théologie mystique........ 72
VI. Histoire des religions........ 79
JURISPRUDENCE........ 104

SCIENCES ET ARTS.

I. Philosophie........ 108
II. Économie politique. — Éducation........ 129
III. Sciences naturelles et médicales........ 134

BEAUX-ARTS.

I. Introduction........ 155
II. Dessin........ 163
III. Peinture........ 185
IV. Gravures. — Livres à figures........ 210
V. Portraits........ 244
VI. Suites de vignettes pour l'ornementation des livres........ 265
VII. Sculpture. — Architecture........ 312

BELLES-LETTRES.

I. Linguistique. — Rhéteurs, orateurs........ 315
II. Poésie.
1. Poésie grecque........ 323

Nos
2. Poëtes latins anciens et modernes.... 334
3. Poëtes français.
A. Poëtes français avant Malherbe.... 373
B. Poëtes français depuis Malherbe.... 437
C. Chansons et Noëls.... 500
4. Poëtes étrangers.... 512
III. Théâtre.... 530
IV. Romans.... 572
V. Facéties. — Dissertations singulières. Anas, proverbes, discours et entretiens.... 646
VI. Épistolaires.... 672
VII. Collections et Polygraphes.... 677

HISTOIRE.

I. Voyages.... 691
II. Histoire universelle. — Histoire ancienne.... 700
III. Histoire moderne.
1. Histoire de France.... 719
2. Histoire des provinces et villes de France.... 783
3. Histoire étrangère.... 814
IV. Histoire de la chevalerie et de la noblesse.... 832
V. Archéologie.... 846
VI. Histoire littéraire.... 852
VII. Biographie.... 861
VIII. Bibliographie.
1. Introduction. — Bibliographie générale. — Histoire des bibliothèques,.... 886
2. Catalogues de bibliothèques particulières.... 906
3. Bibliographies spéciales.... 960

FIN DE LA TABLE DES DIVISIONS.

ORDRE DES VACATIONS.

Première vacation. — *Lundi* 2 *décembre* 1872.

	Numéros.
Théologie, Jurisprudence, Sciences et Arts..........	83 — 157
Bibliographie..................................	937 — 979
Théologie......................................	33 — 82

Deuxième vacation. — *Mardi* 3 *décembre*.

Linguistique, Poëtes anciens.....................	315 — 372
Bibliographie..................................	886 — 936
Romans, Facéties, Épistolaires...................	619 — 676

Troisième vacation. — *Mercredi* 4 *décembre*.

Romans...	575 — 596
Histoire de France et histoire étrangère.............	764 — 831
Voyages, Histoire ancienne, Histoire de France.......	691 — 763

Quatrième vacation. — *Jeudi* 5 *décembre*.

Poëtes français et étrangers......................	456 — 529
Suites de vignettes..............................	265 — 314
Poëtes français..................................	428 — 455
Théâtre, Romans.................................	555 — 574

Cinquième vacation. — *Vendredi* 6 *décembre*.

Beaux-Arts (Peinture)............................	185 — 209
Dessins originaux................................	158 — 184
Noblesse, Archéologie, Biographie..................	832 — 885
Livres à figures.................................	210 — 243
Livres d'heures.................................	23 — 32

Sixième vacation. — *Samedi 7 décembre.*

	Numéros.
Poëtes français..	373 — 427
Collections et Polygraphes..........................	677 — 690
Romans et Contes.......................................	597 — 618
Portraits gravés..	244 — 264
Théâtre français...	530 — 554
Écriture sainte, Figures de la Bible, Livres d'heures...	1 — 22

FIN DE L'ORDRE DES VACATIONS.